# 电商运营实训手册

淘宝大学 编著

電子工業出版社
Publishing House of Electronics Industry
北京·BEIJING

## 内 容 简 介

本书是我社与淘宝大学合作图书《电商运营》的配套实训指导，将该书中涉及的练习题、知识点一一落实到实际应用中。同样与淘宝大学官方合作。

《电商运营》将是淘宝大学合作院校或培训机构授课的主要教材，搭配《电商运营实训指导》作为该书的配套练习，适用于培训老师的课上授课，也适用于学员的自学。



**图书在版编目（CIP）数据**

电商运营实训手册 / 淘宝大学编著. —北京：电子工业出版社，2014.8
ISBN 978-7-121-23802-4

Ⅰ. ①电… Ⅱ. ①淘… Ⅲ. ①电子商务－商业经营－中国－教学参考资料 Ⅳ. ①F724.6

中国版本图书馆 CIP 数据核字(2014)第 152652 号

策划编辑：林瑞和
责编编辑：徐津平
文字编辑：杨 璐
印　　刷：三河市君旺印务有限公司
装　　订：三河市君旺印务有限公司
出版发行：电子工业出版社
　　　　　北京市海淀区万寿路 173 信箱　邮编：100036
开　　本：787×1092　1/16　印张：13.75　字数：253 千字
版　　次：2014 年 8 月第 1 版
印　　次：2025 年 7 月第 24 次印刷
定　　价：35.00 元

凡所购买电子工业出版社图书有缺损问题，请向购买书店调换。若书店售缺，请与本社发行部联系，联系及邮购电话：（010）88254888，88258888。
质量投诉请发邮件至 zlts@phei.com.cn，盗版侵权举报请发邮件至 dbqq@phei.com.cn。
本书咨询联系方式：010-51260888-819，faq@phei.com.cn。

# 前　言

不管是从学校刚毕业的学生，还是工作了多年的工薪阶层，还是自己做实体经营的生意人，当各位读者准备去淘宝开店，但又从来没有过类似经验的时候，一定找过很多相关教程、资料和书籍。

当查阅资料时，往往是遇到一个问题，解决一个问题。记得曾经有位学生读者说过，他想用百度搜索如何开设淘宝店，结果搜索得到的答案往往让人啼笑皆非。千奇百怪、莫名其妙的答案与建议很多，有说开什么店会比较好的，有说生意会好的，有说不会好的，看完查阅的资料之后，会比之前更迷茫，甚至让你放弃了开店的想法。

这现状反映了我们面临的困境，在互联网飞速发展的今天，当出现问题时，绝不会没有答案，只要你想到了，在网上搜索就会有很多答案，随意搜索“淘宝开店”就会出现成百上千的答案，我们看一辈子都不一定能看完。而这些答案是否是你真正想要的，这就不一定了。

当然首先是问的问题是否问得恰当。问问题其实也是非常有意思的一个事儿，该问什么？比如我们谈到的不会开店的问题，是不是该先了解如何注册淘宝？如何注册支付宝？之后再去了解如何上传商品，如何开设店铺呢。那么我们在进行知识了解时，就会有先有后，注册后开店是一个最基本的常识，而我们能这样去拆分和系统化地了解，才是我们该有的行动方式。

其次是答案是否也对了。当你问对了问题时，别人给了一个不准确的答案，让你走了无数弯路后，才发现原来受了误导，这时候你会多么的失望。而更重要的是问对了、答对了，而且也做对了，但是最后还是出现了更多的问题，这边遗漏，那边弄错。让很多新手疲于奔命。

那么问题出在哪里呢，是我们自己问错了，还是网上的答案都是错的？其实不然，真正的问题是我们缺少了一份系统化的能够带领读者了解真实情况的教程，一份可以边学边做的资料。

虽然我们无法手把手的教会你如何在淘宝网上开设店铺，但是各位读者如果可以在看我们的《电商运营》一书时，配合《电商运营实训指导》这本教材一起使用，来进行实际操作的话，一定会事半功倍。



以系统化地行动配合系统化地学习，这是掌握一项新事务的最佳途径。笔者也希望读者能以《电商运营》一书为骨骼，以《电商运营实训指导》实验书为血肉，用这些基本的实验来使读者的思路更加清晰、系统化。

# 目 录

# 习 题 一

（教材《电商运营》第 3 章“了解网络零售平台”习题）

# 实验 1　注册和认证

## 一、实验要求和目的

1．注册淘宝网，取得淘宝网会员资格。

2．提交身份证明及银行账号进行支付宝认证，取得在淘宝网出售商品的资格。

## 二、实验课时数

1 课时。

## 三、实验结果

如图 1-1 所示。

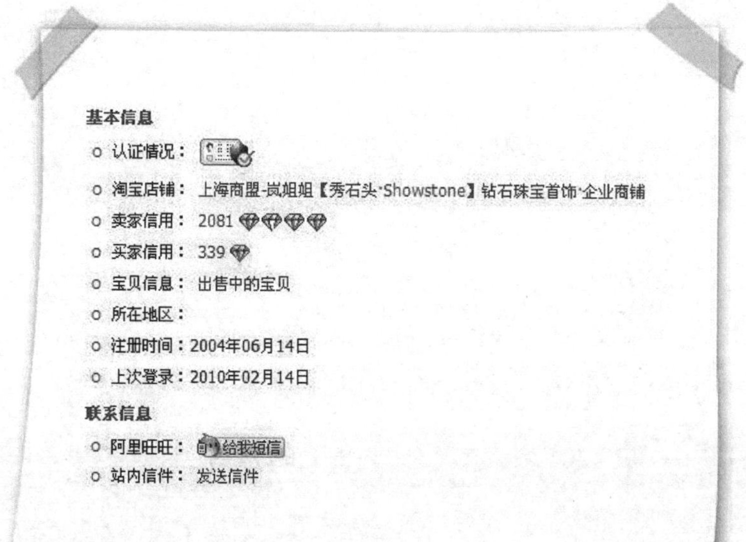


图 1-1　注册淘宝网会员及支付宝认证

## 四、实验分析和主要步骤

### （一）注册淘宝网会员

1. 打开淘宝网首页，单击页面左上角的“免费注册”链接，如图 1-2 所示。

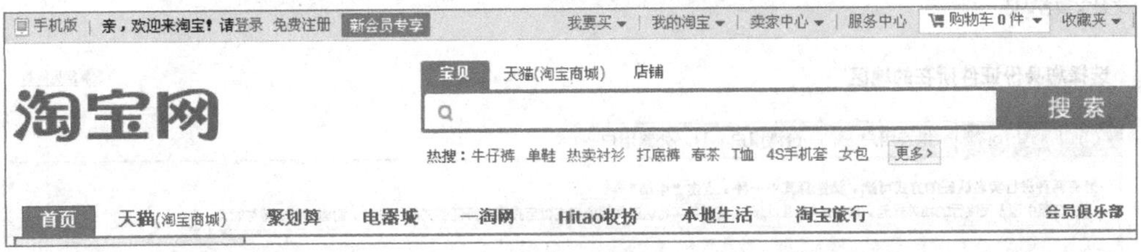


图 1-2 注册淘宝网会员

2. 进入注册页面，选择右边的“邮箱注册”。

3. 填写电子邮箱，在此请输入自己的常用邮箱，方便日后找回密码，如果还没有电子邮箱，则需要先注册电子邮箱，推荐使用雅虎和网易的邮箱。

4. 填写将要注册的淘宝网会员名，一旦注册成功会员名将不能修改。会员名由 5～20 个字符组成，一个汉字为两个字符，推荐使用中文会员名进行注册。

5. 由于淘宝网的会员名有唯一性，因此，在进行下一步操作前，先要检查该会员名是否已被注册，如果是则需重新填写一个会员名，直至系统同意注册。

6. 填写登录密码，密码由 6～16 个字符组成，请使用数字加字母或符号的组合密码，出于安全的考虑，不要单独使用数字、字母或符号来作为密码。

7. 确认密码，并输入验证码，勾选“用该邮箱创建支付宝账户”复选框，如果注册成功，本次注册时所填写的电子邮箱将成为该会员名绑定的支付宝账户。

8. 同意协议，提交注册。

9. 登录电子邮箱，找到淘宝网发送的注册激活信，单击相应的提示链接激活该会员名，注册即告成功，此时，该会员名已拥有购物资格。

### （二）申请支付宝认证

1. 登录淘宝网，进入“我的淘宝”开始认证操作。

2. 找到“卖宝贝请先实名认证”，单击“实名认证”链接。

3. 单击“申请支付宝个人实名认证”按钮进入提交认证申请页面，并同意支付宝服务协议。

4. 选择“通过确认银行汇款金额的方式来进行实名认证”或“通过‘支付宝卡通’来进行实名认证”两个途径进行认证，在此以银行汇款方式为例，如图 1-3 所示。

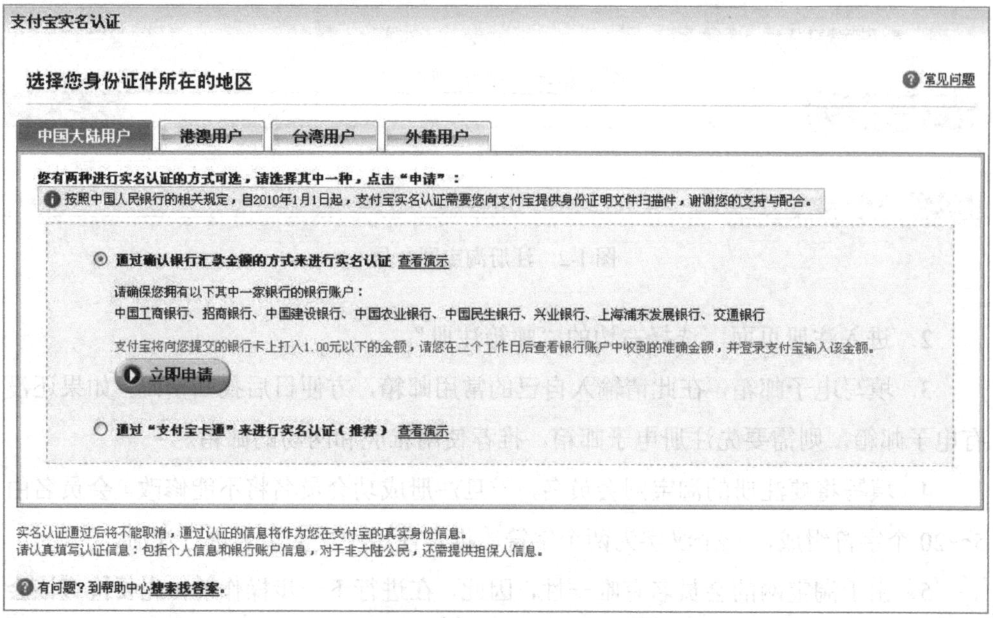


图 1-3 提交支付宝认证申请

5. 填写身份证号码及身份证真实姓名，单击“提交”按钮。

6. 填写个人信息和银行账户信息，单击“提交”按钮。

7. 核对填写的个人信息和银行账户信息，确认无误后单击“确认提交”按钮，保存所填写的信息。

8. 认证申请成功提交，待 1～2 个工作日后，支付宝公司将汇入一笔确认资金到刚才填写的银行账户里。

### （三）通过支付宝认证

1. 查看填写的银行账户里支付宝公司打入的金额数（1 元以下），此金额即为认证的验证码。

2. 登录支付宝账户，进入“我的支付宝”，单击“申请认证”。

3. 输入收到的准确金额，单击“确定”按钮继续完成确认，两次输入失败后则需要重新提交银行账户进行审核。

4．输入的金额正确后，系统即时审核填写的身份信息，两秒后，即通过支付宝实名认证，获得认证标识。

# 实验 2　分析网店定位和消费群体

## 一、实验要求和目的

1. 查看创店时间、店铺所在地、评价数、好评率、实物与虚拟物品的评价比例，以及消保承诺履行情况。

2. 从网店的商品数量、结构、特性，以及价格定位、装修风格、评价内容等方面来分析面向的消费群体。

## 二、实验课时数

1 课时。

## 三、实验结果

如图 1-4 所示。

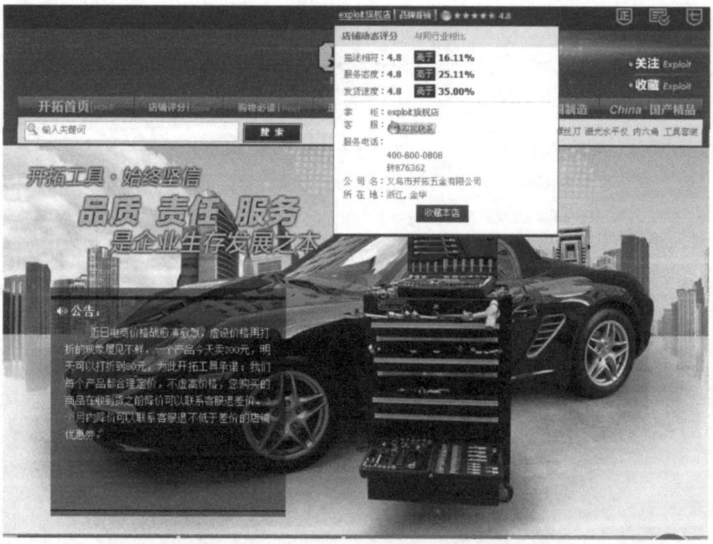


图 1-4　分析网店定位和消费群体

## 四、实验分析和主要步骤

1．进入店铺首页，查看左边的创店时间及店铺所在地。

2．单击“信用评价”自定义页面进入，查看评价数、好评率、虚拟与实物交易，以及消费者保障承诺履行情况。

3．查看顾客对店铺商品和店家服务态度的评价。

4．回到店铺首页，查看店铺的商品数量，分析商品类型、结构、特点、价位、店铺风格等，以及面向的消费群体。

# 实验 3　网购一件商品

## 一、实验要求和目的

1. 为了让大家在短时间内就能体会到网购的便捷，我们选择了虚拟商品来作为第一次网购的目标，因为虚拟商品不需要物流，可以大大缩短完成交易的周期。

2. 通过为手机充值话费来了解网购的交易流程，为今后从事网店销售工作积累必要的买家体验和感受。

## 二、实验课时数

1 课时。

## 三、实验结果

如图 1-5 所示。

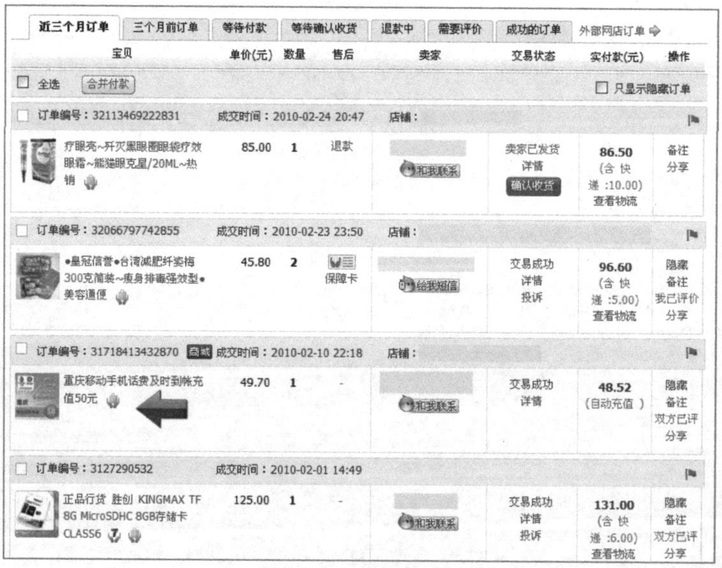


图 1-5　购买商品订单

## 四、实验分析和主要步骤

1. 在淘宝网首页搜索商品名称关键字“移动 充值卡”，在“移动”和“充值卡”这两个关键字之间加入一个空格。

2. 在搜索结果页面里选择面值、地区和充值方式，建议充值方式选择卖家代充或自动快充。

3. 在商品列表中选择中意的商品，使用阿里旺旺与卖家进行在线沟通，确认是否有货。

4. 填入购买件数并单击页面上的“立刻购买”按钮进入交易页面。

5. 填写充值信息，输入充值手机所属地区和号码，如有特殊要求也可以在此页面给卖家留言提醒。

6. 检查实付金额是否正确，单击“确认无误，购买”按钮，出价即告成功。

7. 根据提示选择付款银行，在付款页面填入银行账号、密码等，单击“确认”按钮，等待系统提示付款成功。

8. 待收到充值成功的通知后，进入“我的淘宝”→“我是买家”→“已买到的宝贝”，找到该交易，单击后面的“确认收货”按钮，输入支付密码，通知支付宝将货款支付给卖家。

9. 单击“评价”按钮，给出对卖家和交易的评价，并对该店铺的商品如实程度、服务态度和物流发货速度进行评分反馈。

10. 交易圆满完成，此时还可以酌情将该商品分享给其他好友，起到互动推广的作用。

# 实验 4　我是买家

## 一、实验要求和目的

熟悉买家中心，并学会进入买家后台的方法。

## 二、实验课时数

1 课时。

## 三、实验结果

如图 1-6 所示。

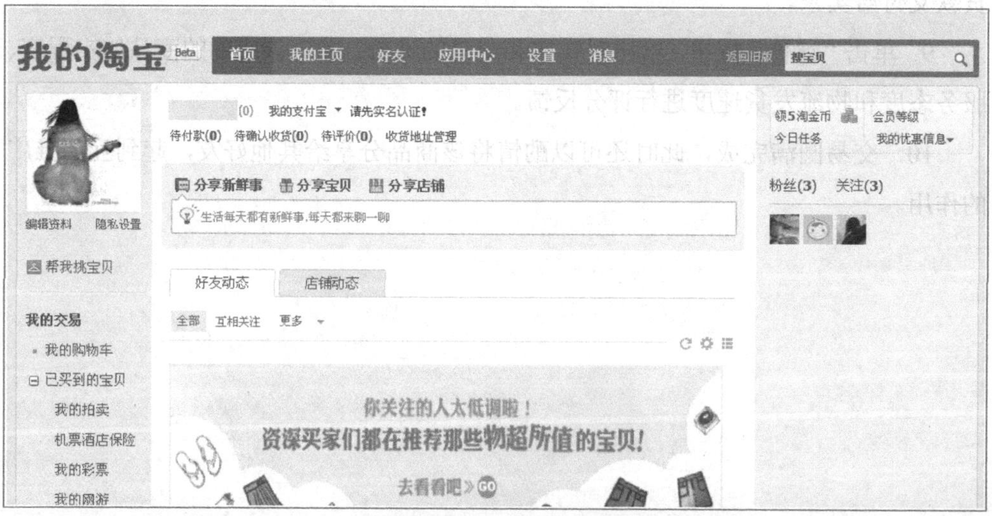


图 1-6　“我的淘宝”买家后台

## 四、实验分析和主要步骤

1. 进入“我的淘宝”页面，熟悉左侧栏的买家相关选项，分别单击了解各个选项内容。

2．如果当前为“卖家中心”页面，可以单击右上角的“我的淘宝”链接，即可进入买家后台，进行查看及各项操作。

# 实验 5　我是卖家



## 一、实验要求和目的

熟悉卖家中心，并学会进入卖家中心的方法。

## 二、实验课时数

1 课时。

## 三、实验结果

如图 1-7 所示。

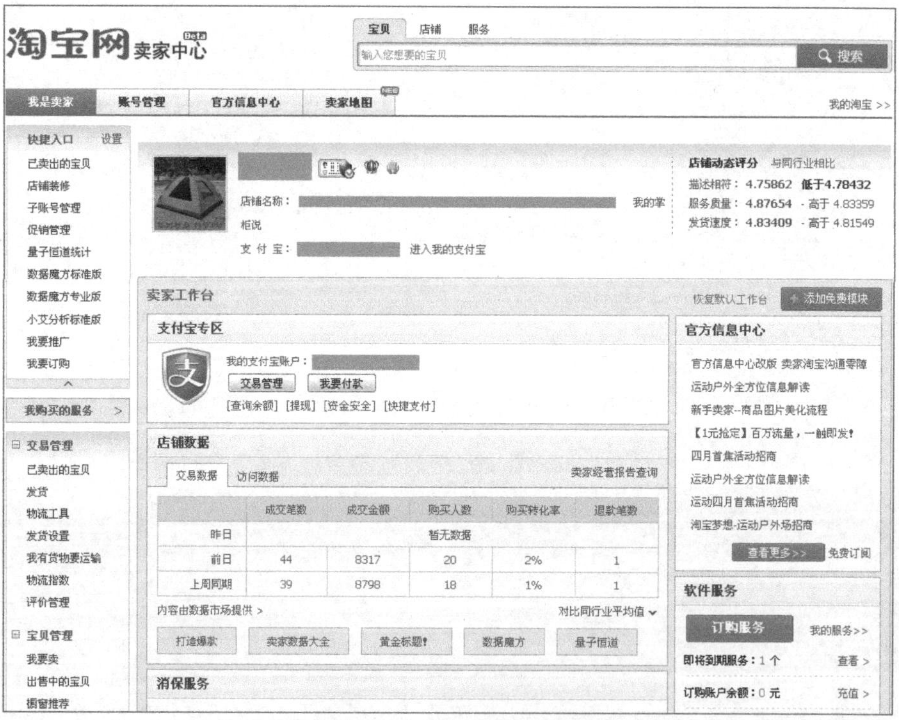


图 1-7 “卖家中心”页面

## 四、实验分析和主要步骤

1．进入“卖家中心”页面，熟悉卖家相关选项，分别单击了解各项功能。

2．如果当前为买家后台，可以在“我的淘宝”页面上部单击“卖家中心”链接，即可进入“卖家中心”页面，进行查看及各项操作。

# 实训第一周

**笔记：**

**总结：**

# 习 题 二

（教材《电商运营》第 4 章“网店日常运营管理”习题）

# 实验 1　商品特性介绍



## 一、实验要求和目的

1. 熟悉和了解规格、特性、功用等商品资料，为下一步的销售工作打下专业知识方面的基础。

2. 收集和整理有助于销售的相关商品资料，以文档或者表格形式保存。

## 二、实验课时数

0.5 课时。

## 三、实验结果

如图 2-1、图 2-2 所示。

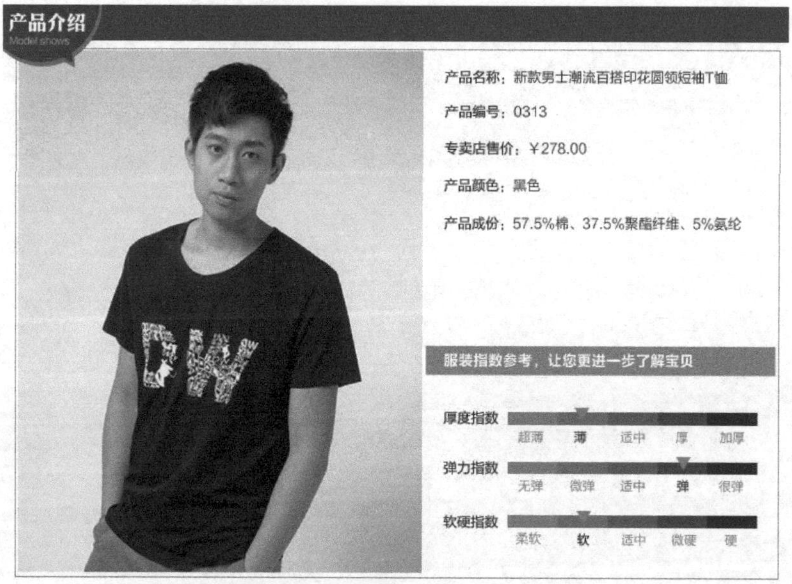


图 2-1　商品基本情况介绍

图 2-2　商品基本情况介绍（续）

## 四、实验分析和主要步骤

1．随便挑选一件商品作为实验范本。

2．列出品牌、型号、材质、规格尺寸、促销介绍等项目。

3．在网上寻找各项目对应的内容，并将此内容复制、粘贴到文档或表格中。

# 实验 2　商品发布流程操作

## 一、实验要求和目的

1．学会正确地选择商品属性、上传商品图片、编写商品名称和描述。

2．填写商品价格、运费、服务等项目，能够掌握最基础的商品发布流程操作。

## 二、实验课时数

1 课时。

## 三、实验结果

如图 2-3 所示。

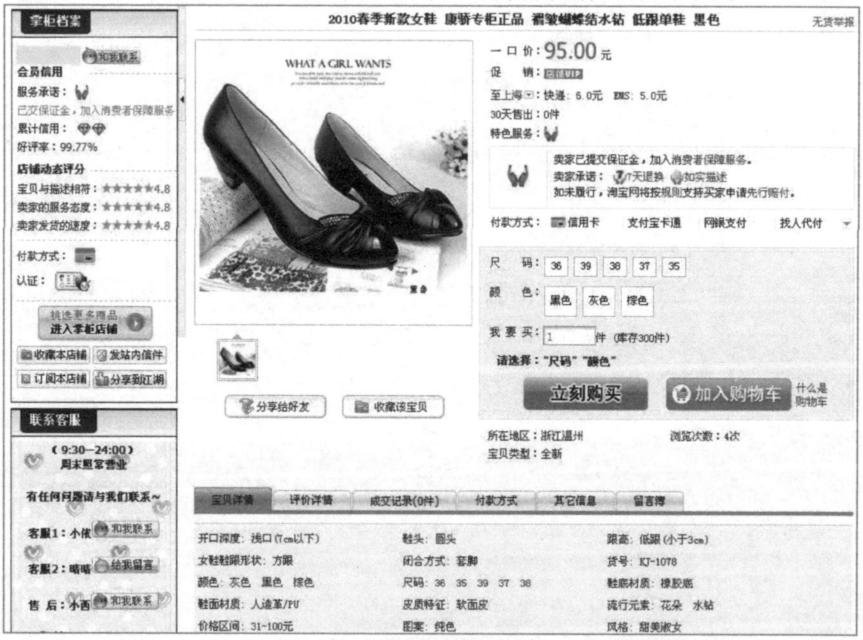


图 2-3　商品页面

## 四、实验分析和主要步骤

1．登录淘宝网，单击“我要卖”链接。

2．进入新页面，选择“一口价”方式发布宝贝。

3．选择待售商品的类目，类目需要与宝贝的属性类别等相对应，然后单击“好了，去发布宝贝”按钮继续。

4．逐个选择宝贝类型和宝贝属性，发布的商品信息必须正确，以便买家更快地找到商品。

5．给商品起一个名称，长度不超过30个汉字，60个字符。

6．填写一口价，选择颜色、尺码等，并输入可售数量。

7．上传商品图片，图片文件的大小应小于120KB，建议选用500×500像素的正方形图片，格式为jpg或gif。

8．在HTML编辑器里编写商品描述，内容控制在25000个字符以内。

9．选择商品所在地并设置运费，选择发布周期、发票、保修等附加信息，然后单击“发布”按钮，待新页面跳出“您的宝贝已经成功发布”提示，商品发布即告完成。

# 实验 3　商品名称的关键字使用

## 一、实验要求和目的

1. 通过实验学会编写有助于销售的商品名称，并能灵活运用各种类型的关键字来进行组合。

2. 商品名称要求至少包含两种类型的关键字，其中起码有一个热门关键字，重要信息必须放在醒目的位置。

## 二、实验课时数

1 课时。

## 三、实验结果

如图 2-4 所示。

图 2-4　商品名称的关键字设置

## 四、实验分析和主要步骤

1．在“出售中的宝贝”里找到实验 2 中发布的商品，在此基础上来修改商品名称。

2．先写出商品属性关键字，如皮鞋、太阳镜、皮包、大衣等。

3．再根据需要在此基础上添加品牌关键字、促销关键字、评价关键字等。

4．将商品名称的字数控制在 30 个汉字以内，并调整各类关键字的所在位置，以达到醒目、引人关注的目的。

# 实验4　编写商品描述

## 一、实验要求和目的

1．编写一个完整的商品描述，要包括商品介绍、交易说明、邮费说明、签收提醒、售后服务等内容和信息。

2．学会在商品描述中插入图片和超链接，使描述更具说服力和吸引力，同时还能有效增加商品页面的购物引导入口。

## 二、实验课时数

1课时。

## 三、实验结果

如图2-5所示。

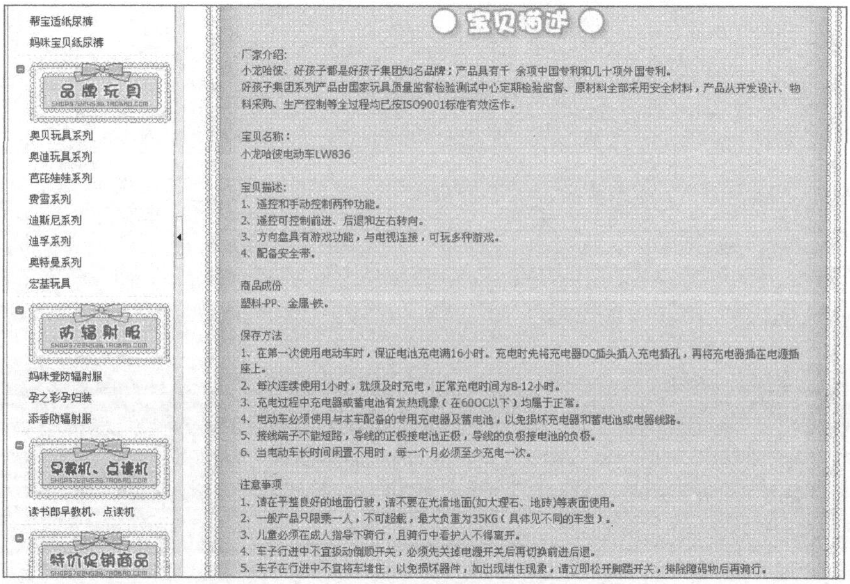


图2-5　编写商品描述

## 四、实验分析和主要步骤

1．在“出售中的宝贝”里找到实验2中发布的商品，在此基础上来修改商品描述。

2．先列出商品的品牌、型号规格、材质、特点功用等信息，并插入商品图片及店铺首页的超链接。

3．再根据商品的具体情况写明使用、储存、保养等方法及注意事项。

4．编写交易说明、运费说明、签收提醒、售后服务、联系方式等。

# 实验 5　普通店铺的基本设置

## 一、实验要求和目的

1．通过实验学会设置店铺名称、上传店标、填写主营内容等。

2．该实验是针对普通店铺进行设置，即使申请开通了旺铺功能，这些设置还是可以继续沿用，但店标将只出现在店铺搜索的结果排序页面里。

## 二、实验课时数

1 课时。

## 三、实验结果

如图 2-6 所示。

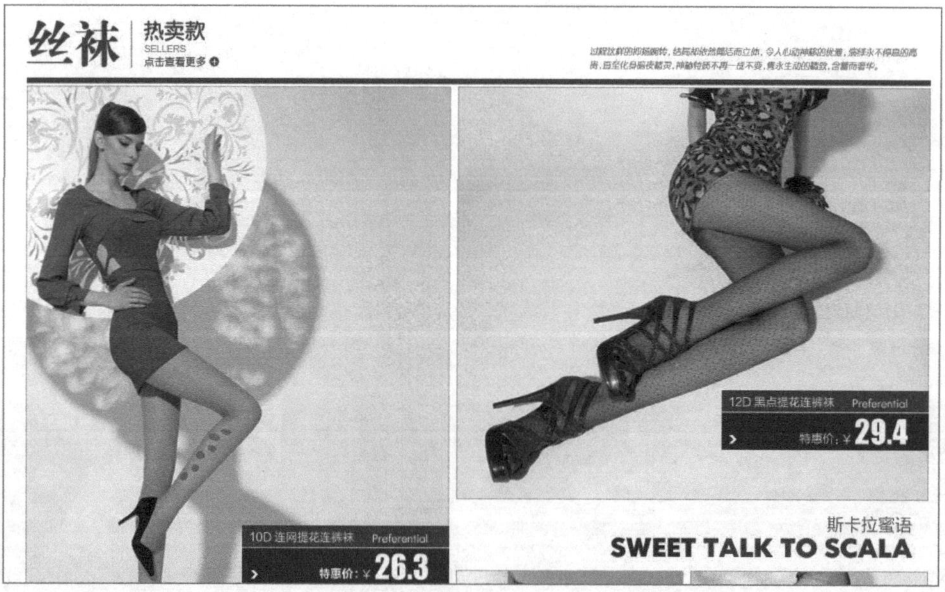


图 2-6　店铺的基本设置

## 四、实验分析和主要步骤

1．从“店铺管理”进入店铺管理后台。

2．单击“店铺基本设置”里的“淘宝店铺”。

3．单击“上传图标”链接进入，再单击“浏览”按钮，在电脑里挑选一张文件大小在 80KB 以内、尺寸为 80×80 像素、文件格式为 jpg、gif、jpeg 或 png 的图片，选择好以后，单击“确定”按钮，店标即告上传成功。

4．在“店铺名”文本框里填入店铺名称，要求不超过 30 个汉字，能够准确表达出店铺的经营内容，并使用一些品牌、评价、促销、特色方面的关键字。

5．单击“店铺类别”框里的小箭头，根据店铺密度最高的一类商品来选择类别。

6．在“店铺简介”里填入主营内容，多个内容用空格或符号进行分隔。

# 实验 6　淘宝旺铺的店铺招牌

## 一、实验要求和目的

上传预先制作好的店铺招牌，使店铺的版面看起来更加美观，且突出经营内容。

## 二、实验课时数

1 课时。

## 三、实验结果

如图 2-7 所示。

图 2-7　淘宝旺铺的店铺招牌

## 四、实验分析和主要步骤

1. 从“店铺管理”进入店铺管理后台。

2. 单击“店铺装修”里的“设置招牌”标签页，如图 2-8 所示。

图 2-8　店铺招牌设置

3. 预先设计好店铺招牌，文件格式为 gif、jpg、jpeg、png，文件大小要小于 100KB，建议尺寸为 950×150 像素。

4. 单击“浏览”按钮，找到预先设计的店招图片文件。

5. 单击“保存”按钮继续。

6. 单击页面右上角的“发布”按钮，在弹出的“发布”对话框中单击“确定发布”按钮，系统提示发布成功，此时，浏览店铺首页即可看到最新上传的通栏店铺招牌。

# 实验 7　淘宝旺铺的自定义页面

## 一、实验要求和目的

1. 将店铺介绍和商品描述里放不下的内容设置在自定义页面里，充分利用 6 个自定义页面来辅助店铺进行商品销售。

2. 因时间有限，所以我们本次实验只设置一个自定义页面，内容可以在交易说明、常见问答、售后服务、商品促销、会员优惠等方面任选一项。

## 二、实验课时数

1 课时。

## 三、实验结果

如图 2-9 所示。

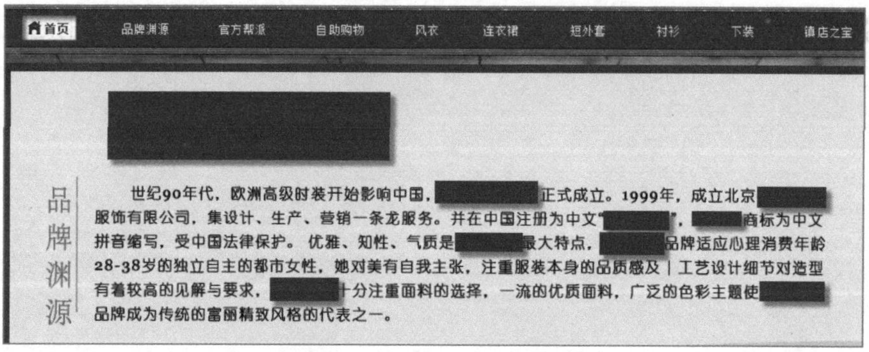


图 2-9　淘宝旺铺的自定义页面

## 四、实验分析和主要步骤

1. 从“店铺管理”进入店铺管理后台。

2. 单击“店铺装修”里的“装修页面”，进入可视化编辑页面，如图 2-10 所示。

图 2-10　自定义页面设置

3．单击自定义页面栏最后的“添加页面”按钮，新增一个自定义页面。

4．单击自定义内容区上的“编辑”按钮，进入 HTML 编辑器。

5．在“模块标题”框里输入此自定义页面的名称，如常见问答、会员优惠、售后服务等。

6．在编辑器里输入文字，完成自定义页面的内容设计，待文字输入完毕后再调整段落位置、字体、字号、颜色等，也可以单击编辑器上的“图片”按钮，插入网络图片来美化和丰富自定义页面。

7．单击“保存”继续。

8．单击页面右上角的“发布”按钮，在弹出的对话框中单击“确认发布”按钮，系统提示发布成功，此时，浏览店铺首页即可看到刚才设置的自定义页面。

# 实验 8　淘宝旺铺促销区



## 一、实验要求和目的

1. 将最近上架的新品、优惠促销活动等信息用网页或图片形式设计在店铺促销区里，可以在第一屏的位置突出这些商业信息，有效地增加店铺的吸引力，提高成交量。

2. 由于本实验的目的主要是教会大家设置促销区，因此仅采用文字和插入图片的方式来做实验，将来可以用复制、粘贴代码的方式设置店铺促销区。

## 二、实验课时数

1 课时。

## 三、实验结果

如图 2-11 所示。

图 2-11　淘宝旺铺促销区

## 四、实验分析和主要步骤

1．从“管理我的店铺”进入店铺管理后台。

2．单击“店铺装修”里的“装修页面”，进入可视化编辑页面。

3．单击自定义内容区上的“编辑”按钮，进入HTML编辑器。

4．“模块标题”框里可以不输入内容，不输入标题，则不显示标题栏。

5．在编辑器里输入文字，完成促销区页面的内容设计，待文字输入完毕后再调整段落位置、字体、字号、颜色等，也可以单击编辑器上的“图片”按钮，插入网络图片来美化和丰富自定义页面。

6．如果有预先设计好的网页代码，只需要单击“编辑 HTML 源码”按钮，将复制好的代码粘贴进去，再次单击此按钮，回到编辑器即可看到网页设计效果。

7．单击“保存”按钮继续。

8．单击页面右上角的“发布”按钮，在弹出的对话框中单击“确定发布”按钮，系统提示发布成功，此时，浏览店铺首页即可看到刚才设置的促销区页面。

# 实验9 淘宝旺铺的店铺商品分类

## 一、实验要求和目的

1. 给商品进行合理的分类，给予买家必要的购物引导，同时，也方便商家对店铺中的商品进行日常管理。

2. 分类名称要求表达清晰、准确，让人一目了然，可以单纯用文字进行分类，也可以插入上传到网上的分类图片，分类图片的宽度不超过 160 像素，高度可以自由调整，比例适中即可。

## 二、实验课时数

1 课时。

## 三、实验结果

如图 2-12 所示。

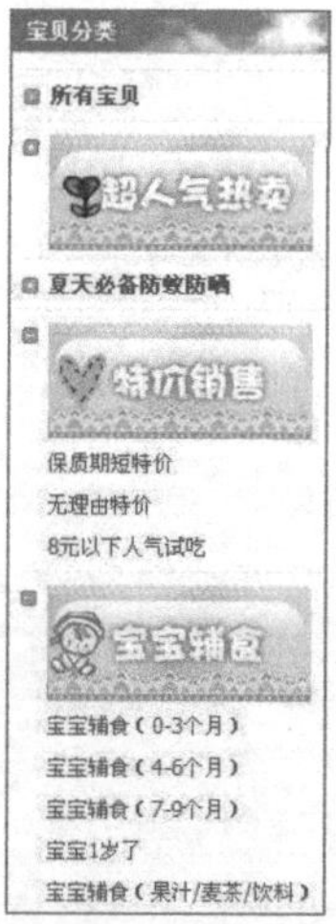


图 2-12 淘宝旺铺的商品分类

## 四、实验分析和主要步骤

1．从“管理我的店铺”进入店铺管理后台。

2．单击“店铺装修”里的“装修页面”，进入可视化编辑页面。

3．找到页面左侧的“宝贝分类”，单击齿轮状的“编辑”按钮进入宝贝分类管理页面，如图 2-13 所示。

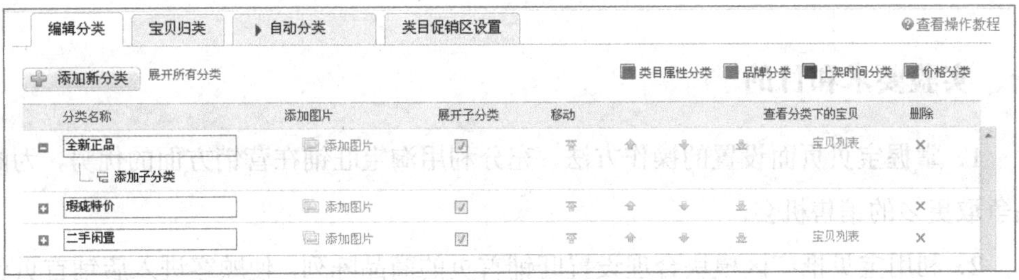


图 2-13　商品分类设置

4．单击页面上的“添加新分类”按钮。

5．在“分类名称”里填写一个文字名称，建立第 1 个一级分类，如需用图片区分就单击“添加图片”下面的“编辑图片”链接，将图片的网络地址粘贴进去即可。

6．单击新建的一级类目右边的“添加子分类”，在空白的“分类名称”框里填入子分类的名称。

7．按此方法继续添加其他的一级类目和子分类。

8．分类设置完毕后，单击页面下端的“保存”按钮，分类即设置成功。

9．单击右边的“宝贝归类”，在“选择分类”框里选择相应的分类，如未分类宝贝、全部宝贝等，在宝贝列表里勾选需要归类的宝贝，单件商品归类单击右边的“添加所属分类”按钮进行归类，添加或移动多件宝贝则在勾选后到页面最下端“选择分类操作”里选择“批量添加”或“批量移动”，将宝贝放入新选的分类里，单击“确定”按钮，宝贝即进入到新的分类里。

# 实验 10　淘宝旺铺的页面设置、商品陈列

## 一、实验要求和目的

1．掌握宝贝页面设置的操作方法，充分利用淘宝旺铺在营销方面的优势，为商品争取更多的销售机会。

2．利用宝贝推广区模块合理设置旺铺首页的商品陈列，使顾客进入店铺首页就能全面感受到商品的种类和特色等。

## 二、实验课时数

1 课时。

## 三、实验结果

如图 2-14 所示。

图 2-14　淘宝旺铺的商品陈列

## 四、实验分析和主要步骤

### （一）宝贝页面设置

1. 从“管理我的店铺”进入店铺管理后台。

2. 单击“基本设置”里的“宝贝页面设置”。

3. 选择默认显示侧边栏。

4. 选择显示自动推荐和掌柜推荐。

5. 单击“保存更改”按钮，页面设置即告成功。



### （二）商品陈列

1. 从“管理我的店铺”进入店铺管理后台。

2. 单击“店铺装修”里的“装修页面”，进入可视化操作页面。

3. 找到一个宝贝推广区，单击右上角的“编辑”按钮，弹出设置窗口如图 2-15 所示。

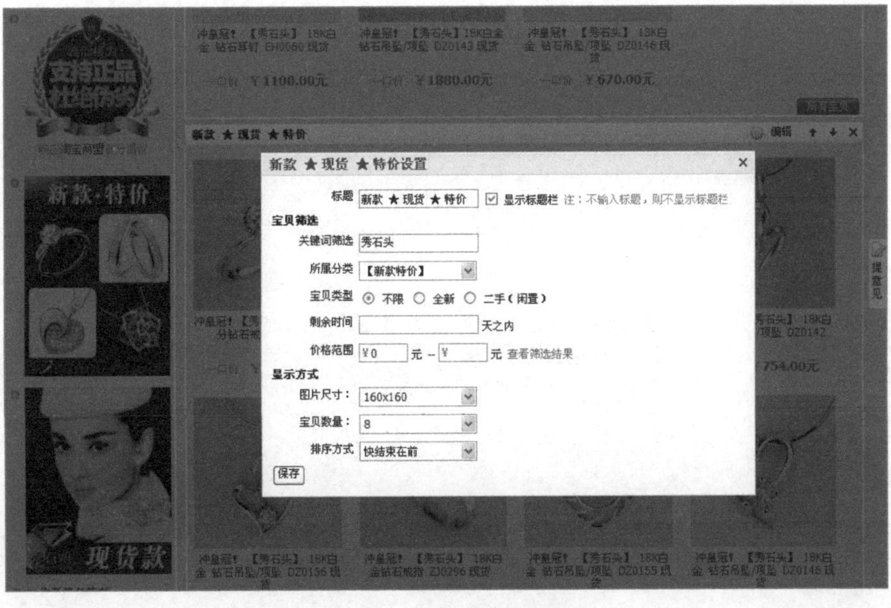


图 2-15　宝贝推广区设置

4. 在“标题”栏中填写推广区的名称，并勾选“显示标题栏”复选框。

5. 在“宝贝筛选”里填入一个商品名称的关键词，并选择一个店铺分类，系统将在这个分类里筛选宝贝来进行陈列。

6. 选择宝贝类型，填入商品在线的剩余时间，以及商品的价格范围等筛选条件。

7. 选择显示方式，可选的图片尺寸为120×120像素、160×160像素和220×220像素。

8. 陈列的宝贝数量可选择3件、4件、6件、8件、10件、12件、16件和自定义件数。

9. 排序方式可选择人气指数、最新上架在前、热销宝贝在前、热门收藏在前、快结束在前、快结束在后、低价格在前和低价格在后。

10. 单击“保存”按钮退出，系统将按商家设定的筛选条件去搜索宝贝来进行陈列。

# 实验 11　淘宝旺铺添加模块

## 一、实验要求和目的

在旺铺首页的左侧或右侧添加模块，设置更多的店铺和商品信息，丰富店铺首页，从而达到美化店铺和促进销售的目的。

## 二、实验课时数

1 课时。

## 三、实验结果

如图 2-16 所示。

图 2-16　淘宝旺铺添加模块

## 四、实验分析和主要步骤

1．从“管理我的店铺”进入店铺管理后台。

2．单击“店铺装修”里的“装修页面”，选择“展开布局模块管理”。

3．出现旺铺首页布局图，如图 2-17 所示，如果需要添加左侧模块，则单击左边的“添加模块”按钮，如果需要添加右侧模块，则单击右边的“添加模块”按钮。

图 2-17　添加左右模块

4．单击“保存”按钮，店铺可视化操作页面里即新增加了一个模块。

5．新增的左侧模块可以通过 HTML 编辑器来编辑图文，新增的右侧模块可以如图 2-18 所示来选择功能和页面格式，单击“添加”按钮继续。

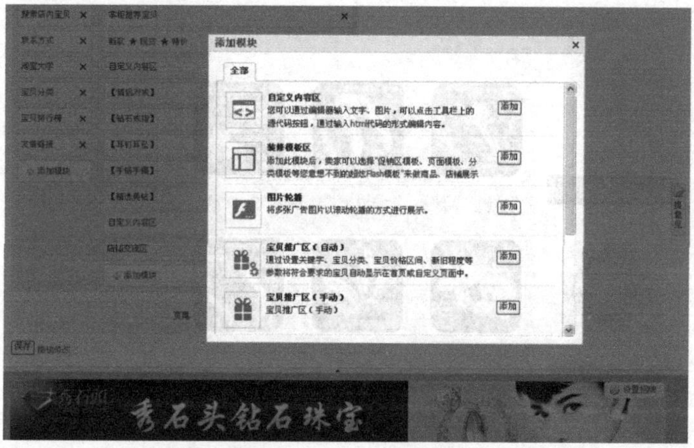


图 2-18　添加右侧模块

6．在可视化操作页面里找到新增加的右侧模块，单击“编辑”按钮设置模块内容。

7．单击“编辑”按钮左边的小箭头，调整模块在店铺首页上的位置，最后单击“发布”按钮，在弹出的对话框中单击“确认发布”按钮，系统提示发布成功，此时，浏览店铺首页即可看到新添加的模块内容。

# 实验 12　添加友情链接

## 一、实验要求和目的

通过给店铺添加友情链接，和友情店铺一起做联合推广，为店铺创造更多的曝光度和销售机会。

## 二、实验课时数

1 课时。

## 三、实验结果

如图 2-19 所示。

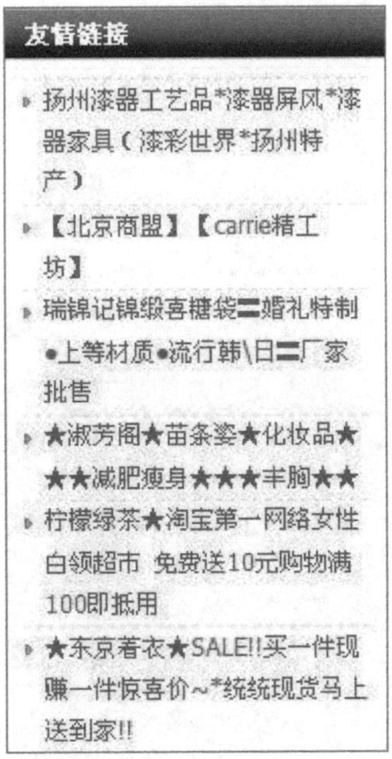


图 2-19　友情链接

## 四、实验分析和主要步骤

1．从“管理我的店铺”进入店铺管理后台。

2．单击“店铺装修”里的“装修页面”，进入可视化操作页面，找到左边的“友情链接”模块，单击“编辑”按钮进入设置界面。

3．单击“添加新链接”按钮，输入淘宝网会员名，单击“添加链接”按钮添加友情店铺。

4．可以勾选“参加淘宝客推广赚佣金”复选框，一旦顾客从店铺页面进入，参加了淘宝客的友情店铺购物，我们即可获得商家预设比例的成交佣金。

# 实验 13　接待流程实操

## 一、实验要求和目的

1. 通过实验，能够熟练掌握在线接待的基本流程。
2. 初步掌握与客户沟通交流的技巧。

## 二、实验课时数

1 课时。

## 三、实验结果

如图 2-20 所示。

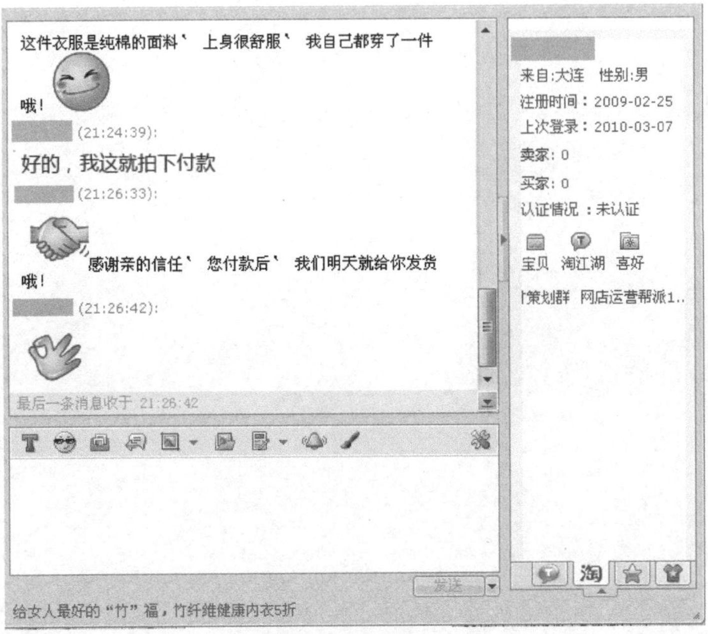


图 2-20　旺旺接待

## 四、实验分析和主要步骤

1. 问好，回复客户咨询的第一句话。
2. 提问，利用提问引导客户。
3. 分析，分析顾客给出的信息。
4. 推荐，通过分析和提问做出推荐。
5. 谈判，成功的谈判将直接促成交易。
6. 帮助，解决客户交易中的困难。
7. 核实，交易达成前要最后确认。
8. 告别，告别时要有技巧地收尾。

# 实验 14 编写常用问答

## 一、实验要求和目的

1．根据在线接待与客户沟通中出现频率较高的问题，整理和编写出标准回复，并用文档形式保存在非系统盘里，以备不时之需。

2．收集与商品相关的专业知识和标准解答，整理后用文档形式保存在非系统盘里，作为工作资料。

## 二、实验课时数

1 课时。

## 三、实验结果

如图 2-21 所示。

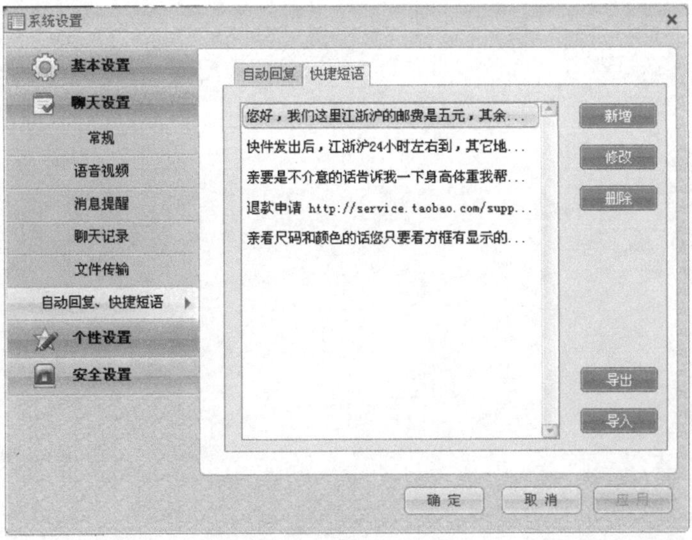


图 2-21 编写常见问答

## 四、实验分析和主要步骤

1．以顾客经常问的问题为基准，收集常见问题答复。

2．编写收集好的问题，尽量言语清晰明了。

3．将收集好的问题答复导入到淘宝旺旺的快捷短语中。

# 实验 15 处理各种留言

## 一、实验要求和目的

要求学员掌握各种留言的查看及回复方法，把握任何一个销售机会。

## 二、实验课时数

1 课时。

## 三、实验结果

如图 2-22 至图 2-25 所示。

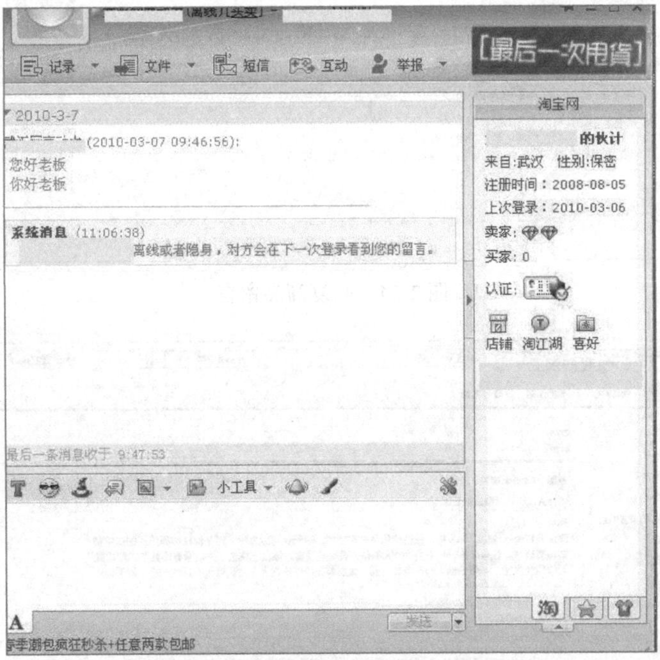


图 2-22 回复旺旺离线消息

图 2-23　回复店铺留言

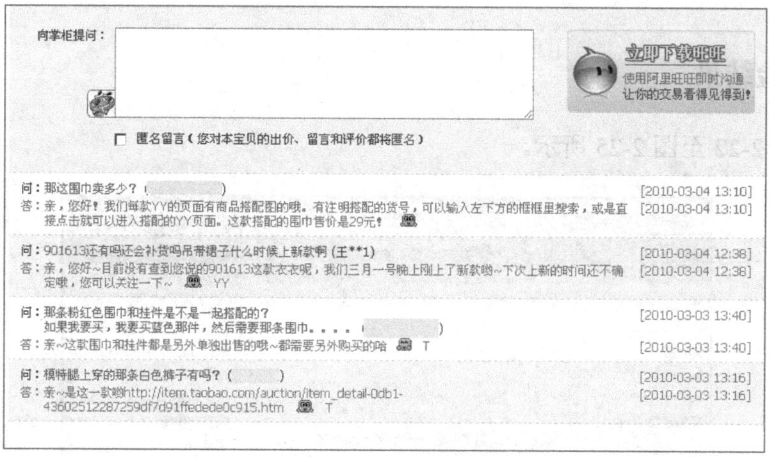


图 2-24　回复商品留言

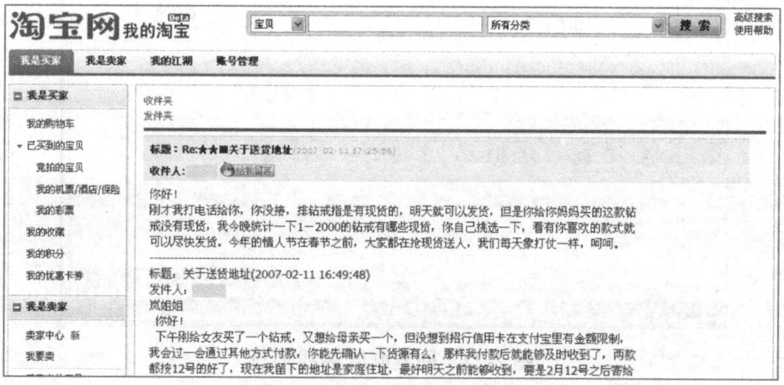


图 2-25　回复站内信

## 四、实验分析和主要步骤

1．旺旺离线留言：当店主旺旺不在线时，买家通过旺旺给店主留言，当店主再次上线时可以通过旺旺直接回复留言。

2．店铺留言：进入“我的淘宝”，单击查看我的店铺，找到店铺交流区，单击管理全部帖子，直接在留言后回复即可。

3．商品留言：买家在选择商品后，在宝贝图片下方的宝贝详情中，单击留言簿，选择需要回复的留言。

4．站内信：登录淘宝网，在显示登录的 ID 后面有个站内信按钮，单击进入，选择私人信件，单击需要回复的站内信，进行回复。

# 实验 16　编辑商品页面

## 一、实验要求和目的

要求学员熟练掌握编辑商品的步骤，如修改商品名称、数量、属性等。

## 二、实验课时数

1 课时。

## 三、实验结果

如图 2-26 所示。

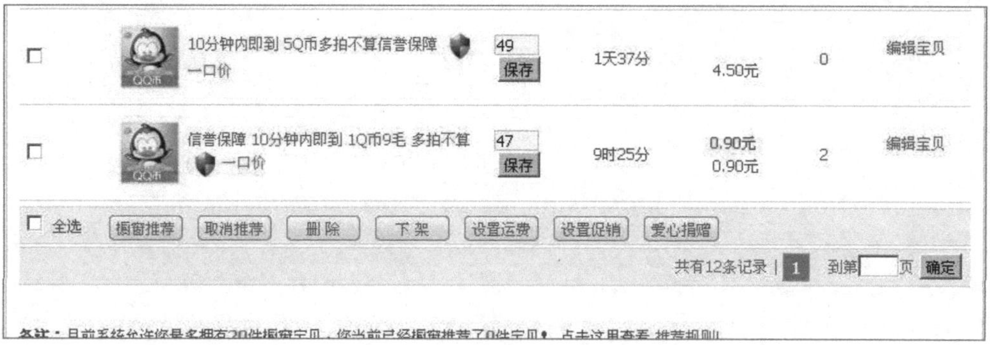


图 2-26　修改商品名称

## 四、实验分析和主要步骤

1. 单击“我的淘宝”→“出售中的宝贝”，在宝贝列表中选择需要编辑的宝贝，单击“编辑宝贝”进入编辑页面。

2. 修改宝贝标题，把“信誉保障”编写到标题后，单击“确认”按钮，保存并发布页面。

# 实验 17　橱窗推荐、设置促销

## 一、实验要求和目的

1. 掌握宝贝的橱窗推荐，合理使用橱窗推荐位。
2. 学会设置促销宝贝，增加宝贝吸引力和销售概率。

## 二、实验课时数

1 课时。

## 三、实验结果

如图 2-27、图 2-28 所示。

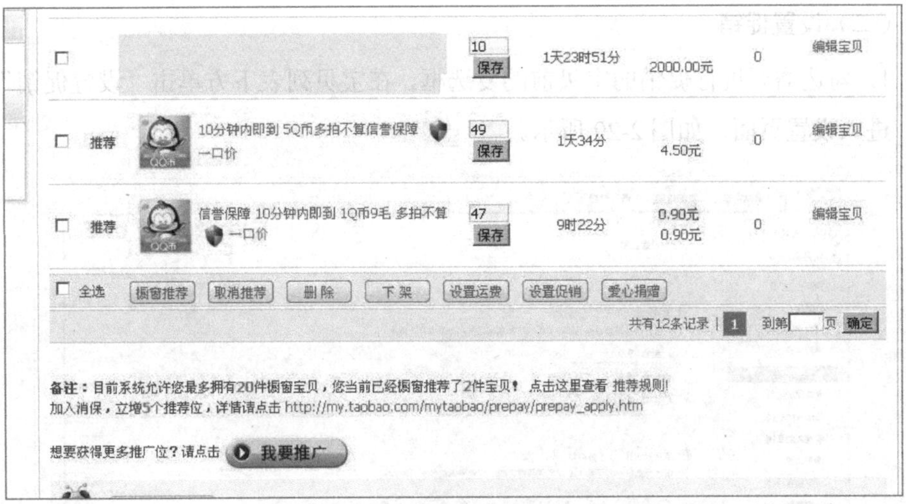


图 2-27　设置橱窗推荐商品

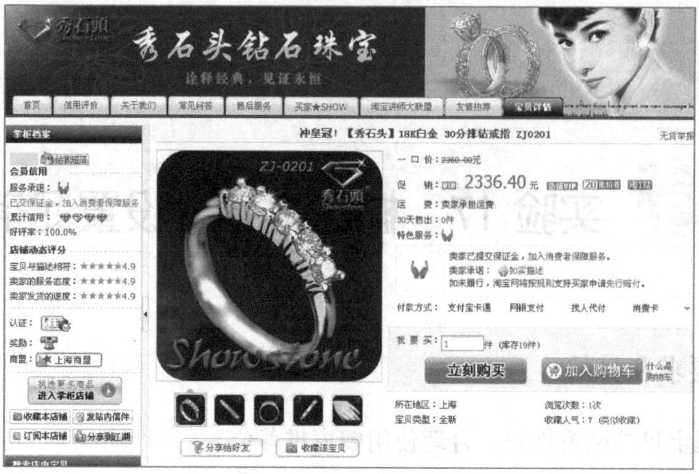


图 2-28　设置促销

## 四、实验分析和主要步骤

### （一）橱窗推荐

1．进入“我的淘宝”后台，单击“出售中的宝贝”。

2．勾选需要进行橱窗推荐的宝贝前的复选框，然后在宝贝列表下方单击“橱窗推荐”按钮，进行橱窗推荐。

### （二）设置促销

1．勾选需要进行促销的宝贝前的复选框，在宝贝列表下方单击“设置促销”按钮，进入设置页面，如图 2-29 所示。

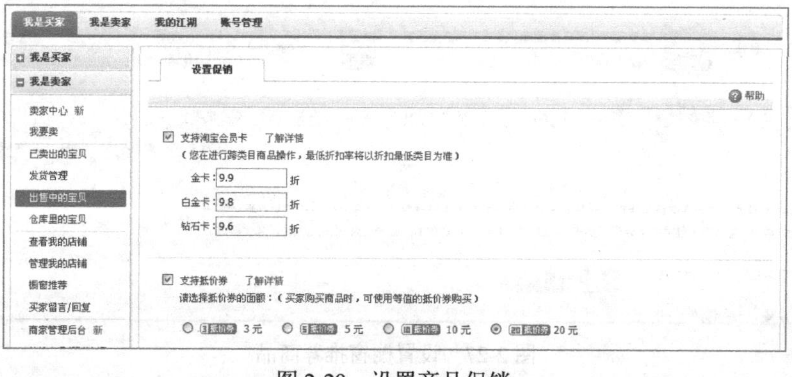


图 2-29　设置商品促销

2．在准备参加的促销活动前打钩，并填写相应的优惠折扣，选择抵价券面值。

3．单击“保存”按钮，设置促销完成。

# 实验 18　修改价格和交易状态

## 一、实验要求和目的

作为一名客服，在促成交易以后，必须熟练掌握修改宝贝价格和交易状态的方法，体现客服的专业性和效率。

## 二、实验课时数

1 课时。

## 三、实验结果

如图 2-30、图 2-31 所示。

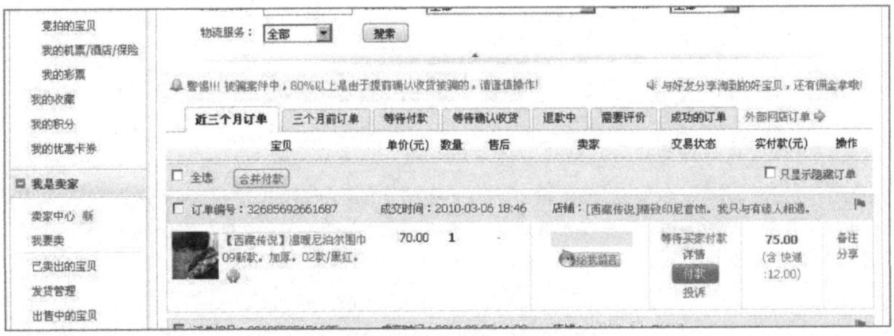


图 2-30　修改商品价格

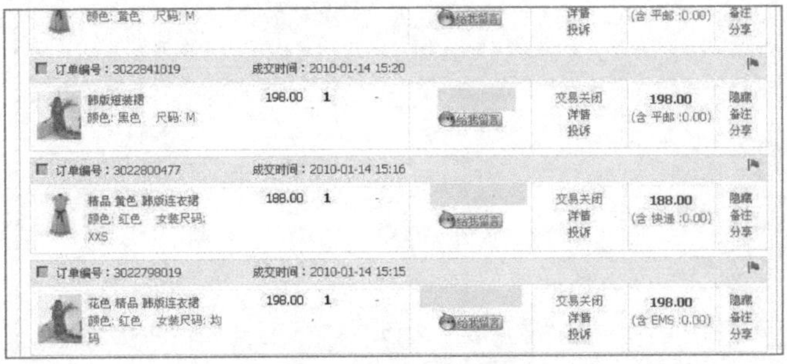


图 2-31　修改交易状态

## 四、实验分析和主要步骤

### （一）修改价格

1．等买家拍下宝贝后，进入“我的淘宝”，在“已卖出的宝贝”中找到该宝贝，单击宝贝价格下面的“修改价格”按钮进入修改价格页面。



2．如果宝贝需要降价则是以（负号+数字）的形式显示，如果是需要改运费，则在运费栏里修改，修改后保存。

3．如图 2-30 所示，宝贝价格为 70 元，运费 12 元，总计 82 元，图中价格为 75 元，修改价格成功。

### （二）修改交易状态

1．关闭交易：在买家拍下宝贝后，又想取消购买时，则可以进入“我的淘宝”，在“已卖出的宝贝”中选择该宝贝，单击“关闭交易”按钮。

2．修改交易状态为卖家已发货。在买家付款后，单击进入“已卖出的宝贝”，宝贝状态为“买家已付款，等待卖家发货”。单击“发货”按钮。物流方式有自己联系物流、推荐物流、无需物流，选择自己联系物流和推荐物流，填好发货快递单号，单击“确认”按钮，则状态改变。一般虚拟物品选择无需物流，在发货给买家后直接确认。

# 实验 19 退货交易处理



## 一、实验要求和目的

售后是服务至关重要的一个窗户，售后纠纷可能就会涉及退款和退货，而大部分买家都不熟悉退换货流程，因此会产生很多纠纷，所以作为一名销售客服必须了解退换货的详细流程。

## 二、实验课时数

1 课时。

## 三、实验结果

如图 2-32 所示。

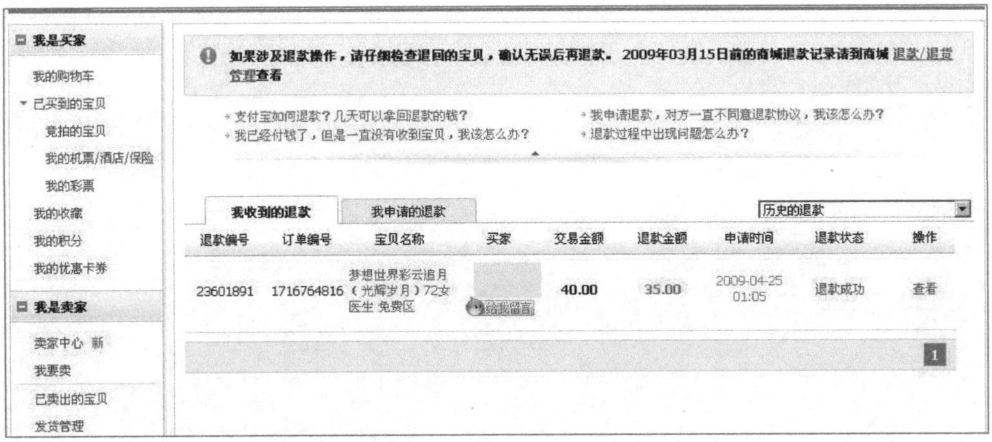


图 2-32 处理退货交易

## 四、实验分析和主要步骤

1. 登录“我的淘宝”，选择“已买到的宝贝”，找到相关交易，单击对应的“退款”按钮，操作申请退款。

2. 单击“退款”后选择“已经收到货”→“我需要退货”。

3. 填写“需要退款的金额”，然后填写退款说明，输入支付宝账户支付密码，立即申请退款，必要时须上传退货快递单为证。

# 实验 20 评价管理

## 一、实验要求和目的

掌握评价解释的技巧，能在得到中差评后，第一时间对于买家的评价给予解释，处理纠纷。

## 二、实验课时数

1 课时。

## 三、实验结果

如图 2-33 所示。

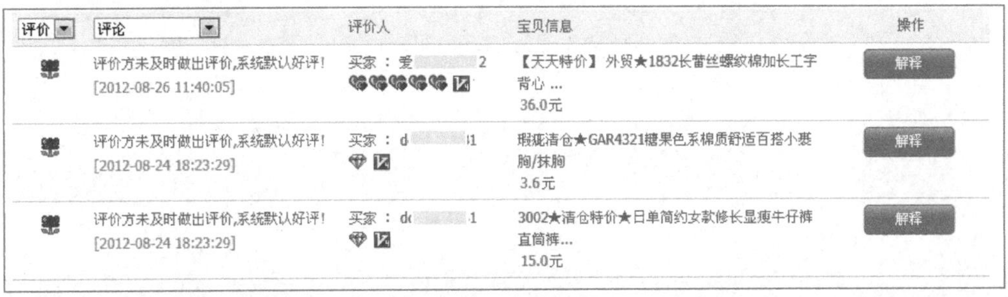


图 2-33 修改评价

## 四、实验分析和主要步骤

### （一）评价解释

1．在收到评价后，单击进入“我的淘宝”→“信用评价”页面，选择要解释的评价。

2．单击“解释”按钮来解释评价，注意一个评价只有一次修改机会，同样，好评也是可以解释的。

**（二）修改评价**

1．将给出的中差评修改为好评，进入“我的淘宝”→“信用评价”页面。

2．选择要修改的评价，单击“修改评价”链接进行修改，注意，修改评价入口在 30 天内有效。

# 实验 21　处理投诉举报

## 一、实验要求和目的

及时处理投诉举报，做出有理有据的申诉，妥善处理交易纠纷。

## 二、实验课时数

1 课时。

## 三、实验结果

如图 2-34 所示。

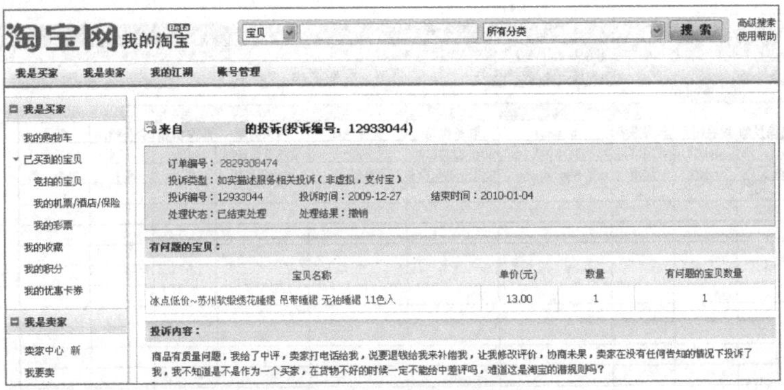


图 2-34　处理投诉举报

## 四、实验分析和主要步骤

1．在收到投诉或者举报后，单击进入“我的淘宝”→“客户服务”→“投诉/举报”页面。

2．查看投诉和举报的内容，根据投诉内容进行申诉，注意申诉内容要言简意赅，直达问题的根本。

3．必要时可以上传凭证和解释，并查看投诉/举报的状态。

# 实验 22　建立客户档案



## 一、实验要求和目的

要求学员学会为客户建立档案、管理客户。

## 二、实验课时数

1 课时。

## 三、实验结果

如图 2-35 所示。

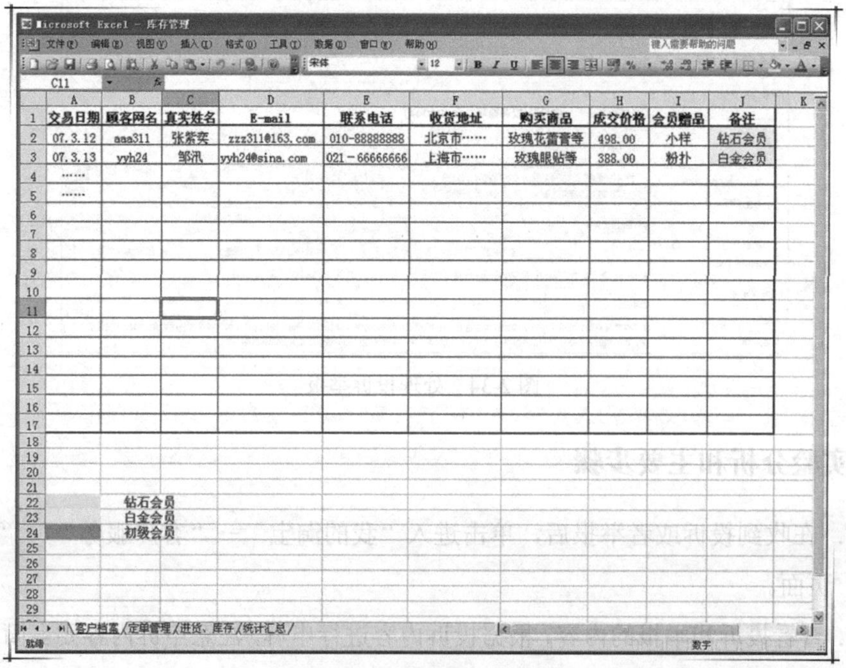


图 2-35　建立客户档案

## 四、实验分析和主要步骤

1．在电脑非系统盘里建立一个 Excle 表格，名称为“客户档案”。

2．打开 Excel 表格，根据需要建立多个档案栏目，如交易日期、顾客网名、真实姓名、电子邮箱、联系方式及收货地址等。

3．在 Excel 表格的对应栏目中输入客户基本信息，便于系统化地管理客户信息。

# 实训第二周

**笔记：**

**总结：**

# 习 题 三

（教材《电商运营》第5章“网店工具的运用”习题）

# 实验 1　旺旺菜单操作

## 一、实验要求和目的

熟悉阿里旺旺菜单功能，并能加以灵活运用。

## 二、实验课时数

1 课时。

## 三、实验结果

如图 3-1 所示。

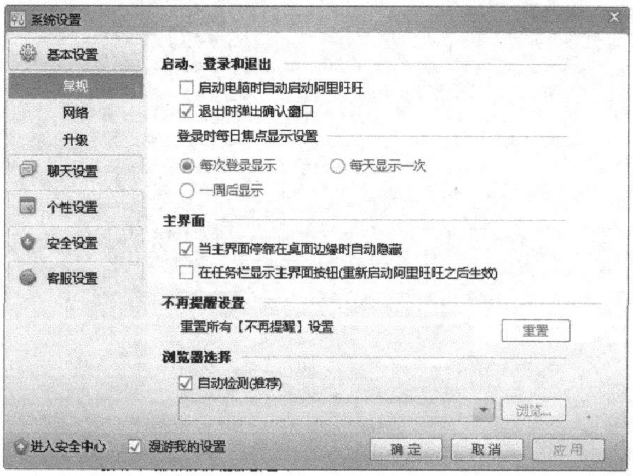

图 3-1　阿里旺旺操作菜单

## 四、实验分析和主要步骤

1．登录阿里旺旺，单击阿里旺旺右上角的菜单按钮。

2．用鼠标左键单击子选项，进入菜单查看子选项分别有哪些功能，并根据提示进行设置。

# 实验2 设置个性头像、设置签名



## 一、实验要求和目的

1. 学会设置个性头像。
2. 学会设置签名，可在签名中放置一些店铺营销信息。

## 二、实验课时数

1 课时。

## 三、实验结果

如图 3-2、图 3-3 所示。

图 3-2 设置头像入口

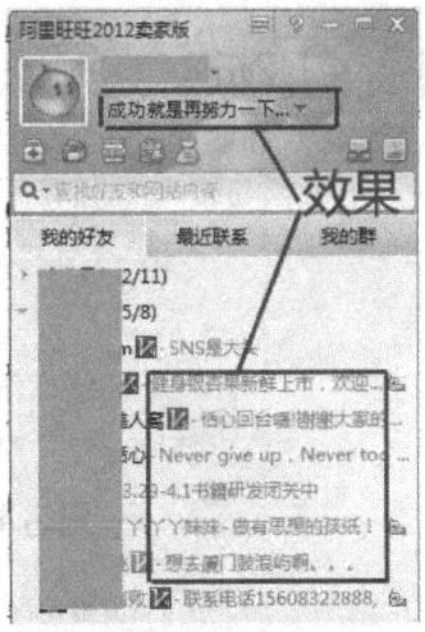


图 3-3 阿里旺旺的个性签名

## 四、实验分析和主要步骤

1. 个性签名的设置入口是从阿里旺旺的“主菜单”→“系统设置”→聊天设置”→“快捷短语”进入。或从个性签名下面的快捷入口进入设置。也可以直接单击个性签名这个文字条进行快速修改。

2. 个性头像的设置入口是从阿里旺旺的“主菜单”→“个人资料”→“查看我的信息”进入。也可以像如图 3-2 所示那样，直接单击旺旺头像入口进去设置。

# 实验 3　快捷短语、好友分组、黑名单

## 一、实验要求和目的

1．学会设置并且运用快捷短语。

2．给不同类别的好友分组。

3．学习黑名单的使用。

## 二、实验课时数

1 课时。

## 三、实验结果

如图 3-4 至图 3-6 所示。

图 3-4　加入黑名单

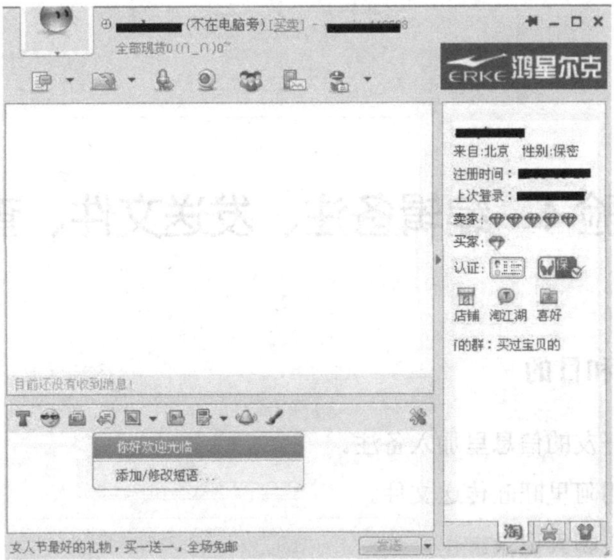


图 3-5 设置快捷短语

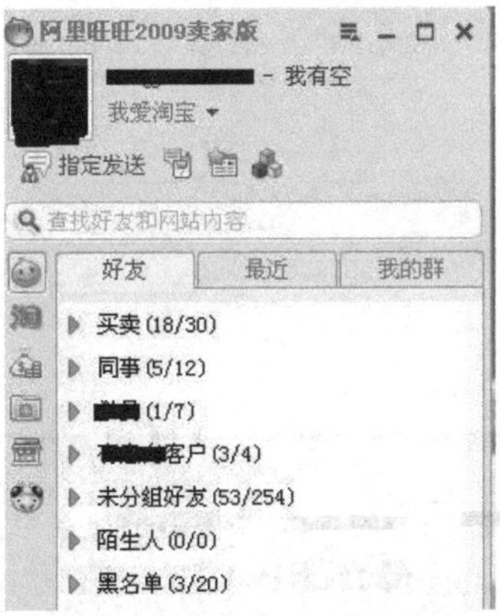


图 3-6 好友分组

## 四、实验分析和主要步骤

1．快捷短语：单击阿里旺旺右上角的“主菜单”→“系统设置”→“聊天设置”→“快捷短语”来进行设置，将一些经常使用、固定不变的语句设置成快捷短语。

2．好友分组：单击阿里旺旺好友列表，使用鼠标右键单击已有分组，选择添加组，建立小组。

3．黑名单：选择需要加入黑名单的好友，使鼠标右键单击头像，选择“加入黑名单”。

# 实验 4　编辑备注、发送文件、查看记录

## 一、实验要求和目的

1．学会在好友的信息里加入备注。

2．学会使用阿里旺旺传送文件。

3．学习查看聊天记录。

## 二、实验课时数

1 课时。

## 三、实验结果

如图 3-7 至图 3-9 所示。

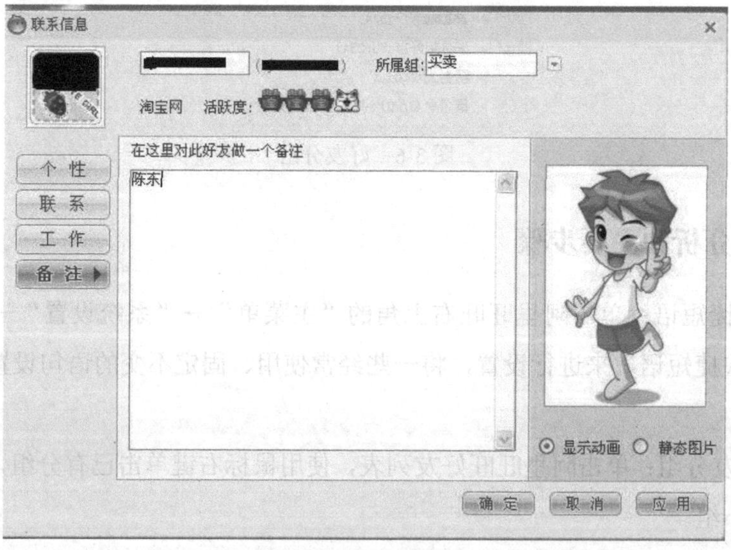


图 3-7　编辑备注

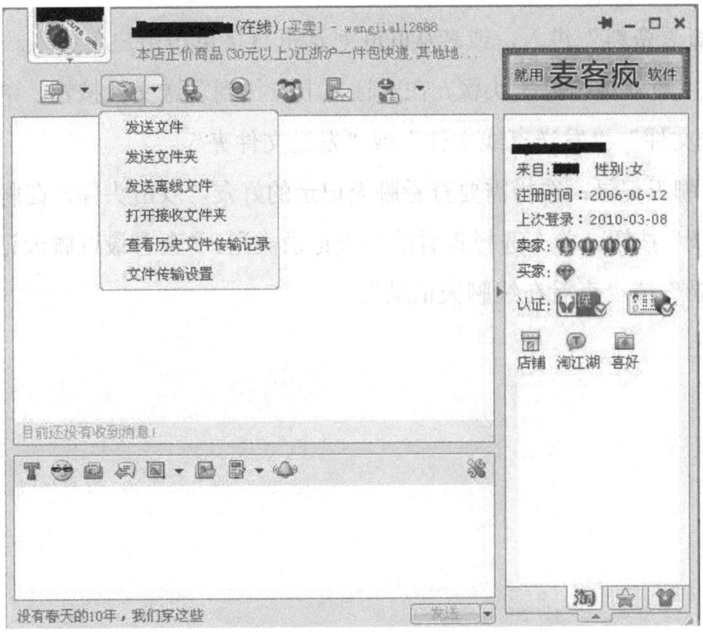


图 3-8　发送文件

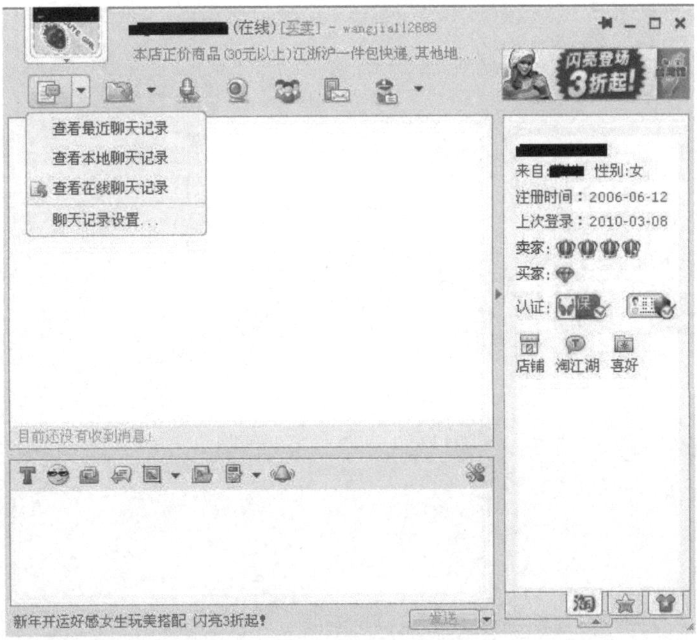


图 3-9　查看聊天记录

## 四、实验分析和主要步骤

1．编辑备注：编辑联系人信息有两个入口，鼠标停留在联系人名字上，单击鼠标右键从“查看资料”进入，或者从旺旺对话框直接单击用户名进入。

2. 发送文件：单击好友头像，在对话框上方找到发送文件按钮，单击选择发送方式，“发送文件”、“发送离线文件”或“发送文件夹”。

3. 查看聊天记录：选择需要查看聊天记录的好友，双击头像，在聊天框上方找到“聊天记录”按钮。单击选择查看的聊天记录类型，“查看最近聊天记录”、“查看本地聊天记录”或“查看在线聊天记录”。

# 实验 5　旺旺群的建立和使用

## 一、实验要求和目的

熟练运用旺旺群功能，方便管理固定客户群体。

## 二、实验课时数

1 课时。

## 三、实验结果

如图 3-10 所示。

图 3-10　阿里旺旺的群功能

## 四、实验分析和主要步骤

1. 在阿里旺旺主界面中找到“我的群”选项，单击进入后会看到“我拥有的群”

下还有未启用的群。

2. 任选一个双击启用该群。

3. 群被启用后，还要填写“群名称”，选择合适的“群分类”。

4. 在“群简介”、“群内部公告”里填写相应的内容，选择“身份验证类型”。

5. 成功启用该群，单击“邀请群成员”开始邀请成员加入群。

6. 进入“邀请群成员”操作，在旺旺淘友里找到需要加入的成员，在前面的小方框里打钩，邀请该成员加入。

7. 在“群管理”的“资料管理”里进行群资料的设置与修改，可以修改群的名称、群的分类、群简介、群公告、签名、关键字等内容。

8. 在“成员管理”中可以进行任意添加或删除成员的操作，可以设置某个群成员为管理员，被升级为管理员的群成员将有权限管理群内事务，但只有群主才有设置管理员的权限。

9. 在“黑名单”里设置需要阻止的账号，以维护群内的管理秩序。

10. 在“安全管理”里，可以设置是否所有人都能加入群，加入群是否需要验证，是否需要密码才能加入，是否允许游客访问，是否可以用群号搜索等。

11. 在群的对话窗口中，有三个群消息接受的选项，可以根据需要来选择设置，也可以单击阿里旺旺主界面中该群的名称，单击鼠标右键根据提示来完成此操作。

12. 如果想退出已经加入的群，只要在阿里旺旺的主界面中找到“群”选项，鼠标放置在需要退出的群名称上，单击鼠标右键，可以找到“退出群”的操作提示。

# 实验 6　旺旺群升级为店铺群

## 一、实验要求和目的

了解店铺群，把旺旺群升级为店铺群。

## 二、实验课时数

1 课时。

## 三、实验结果

如图 3-11 所示。

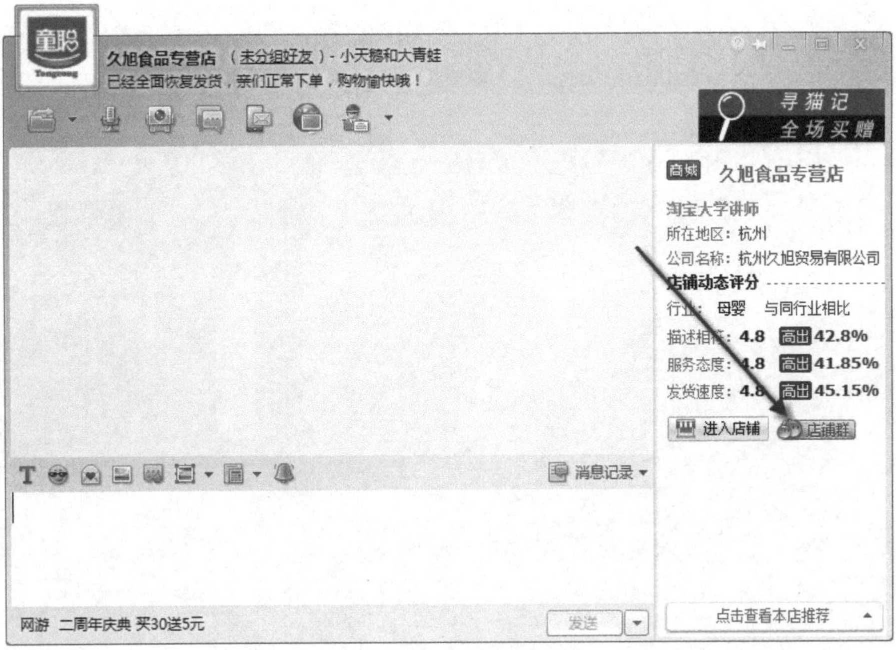


图 3-11　阿里旺旺店铺群

## 四、实验分析和主要步骤

打开现有的旺旺群，即可看到右边的“升级为店铺群”按钮，单击该按钮即可将旺旺群升级为店铺群。

# 实验 7　群遍天下

## 一、实验要求和目的

了解并运用群遍天下。

## 二、实验课时数

1 课时。

## 三、实验结果

如图 3-12 至图 3-14 所示。

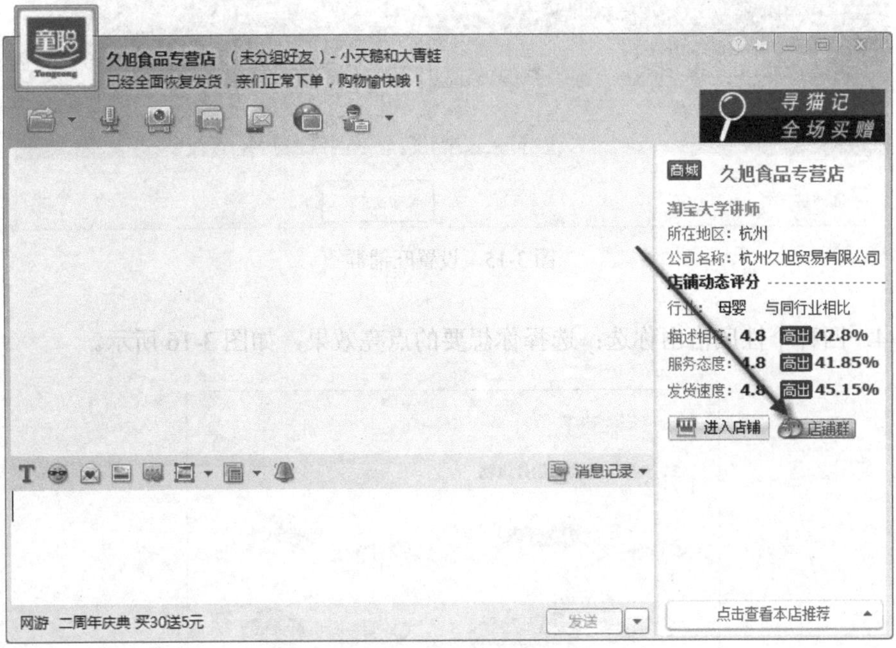


图 3-12　旺旺面板的店铺群入口

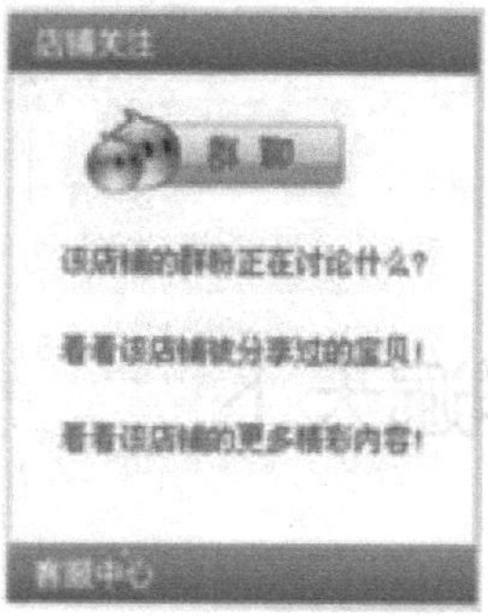


图 3-13　店铺左侧栏中店铺群入口

图 3-14　客服中心中店铺群入口

## 四、实验分析和主要步骤

1. 进入淘宝网首页，单击左侧导航栏中的阿里旺旺入口。
2. 进入阿里旺旺主面板，单击右侧的卖家版入口。
3. 单击右侧导航栏中的“旺遍天下”，开始设置旺铺群，如图 3-15 所示。

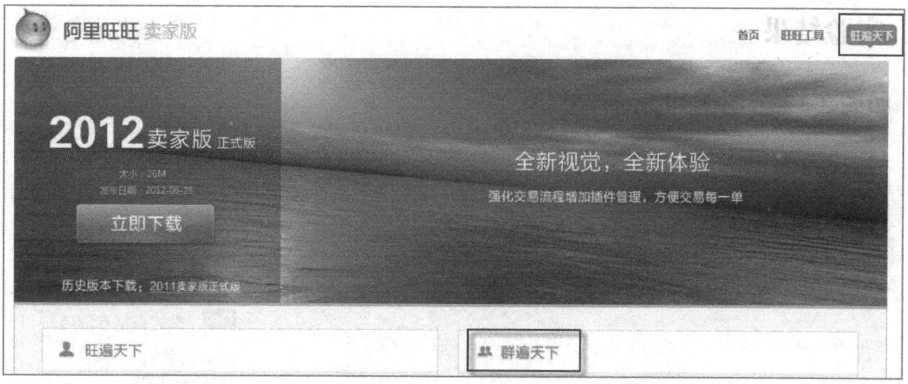


图 3-15　设置旺铺群

4. 四种个性风格由你选：选择你想要的点亮效果，如图 3-16 所示。

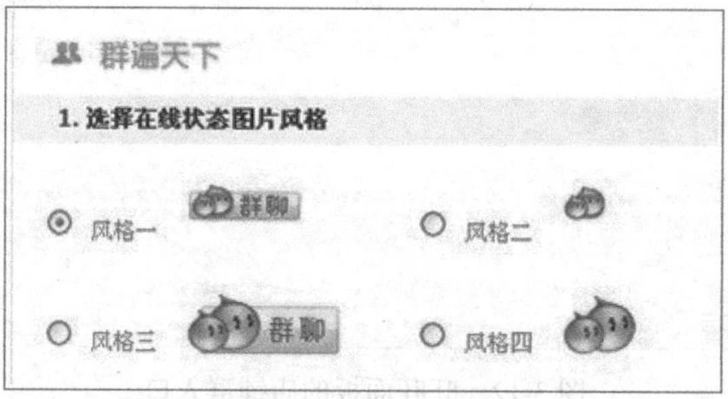


图 3-16　选择点亮效果

5．填写群号：填写群号，输入文案，让你显得更加与众不同，如图 3-17 所示。

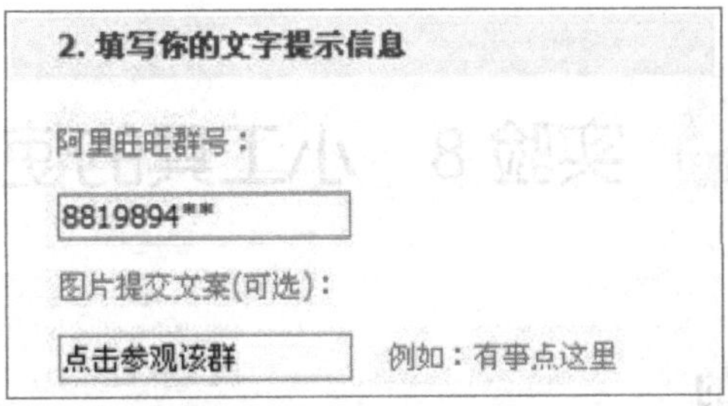


图 3-17　输入文字提示信息

6．生成网页代码：轻轻一点，生成网页代码，如图 3-18 所示。

图 3-18　生成网页代码

7．嵌入代码：嵌入代码，你想要的效果，你的群，就在眼前，如图 3-19 所示。

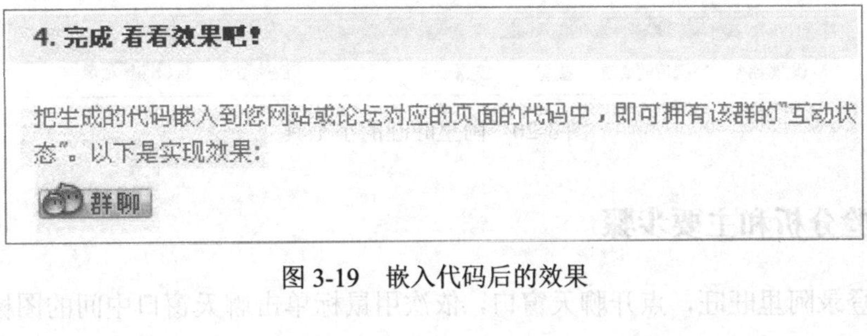


图 3-19　嵌入代码后的效果

# 实验 8　小工具的使用



## 一、实验要求和目的

了解并运用旺旺附属功能。

## 二、实验课时数

1 课时。

## 三、实验结果

如图 3-20 所示。

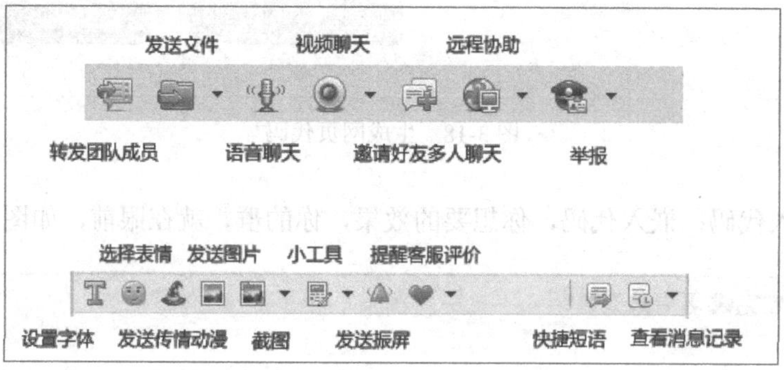


图 3-20　阿里旺旺的小工具

## 四、实验分析和主要步骤

1. 登录阿里旺旺，点开聊天窗口，依次用鼠标单击聊天窗口中间的图标。分别是：设置字体、选择表情、发送/传情动漫、发送图片、截图、小工具（记事本，计算器）、发送振屏、提醒客服评价、快捷短语、查看消息记录。

2. 附属功能还有转发团队成员、发送文件、语音聊天、视频聊天、邀请好友多人聊天、远程协助、举报。

# 实验 9　E 客服创建子账号

## 一、实验要求和目的

掌握 E 客服的设置技巧，成功添加一个 E 客服子账号。

## 二、实验课时数

1 课时。

## 三、实验结果

如图 3-21 所示。

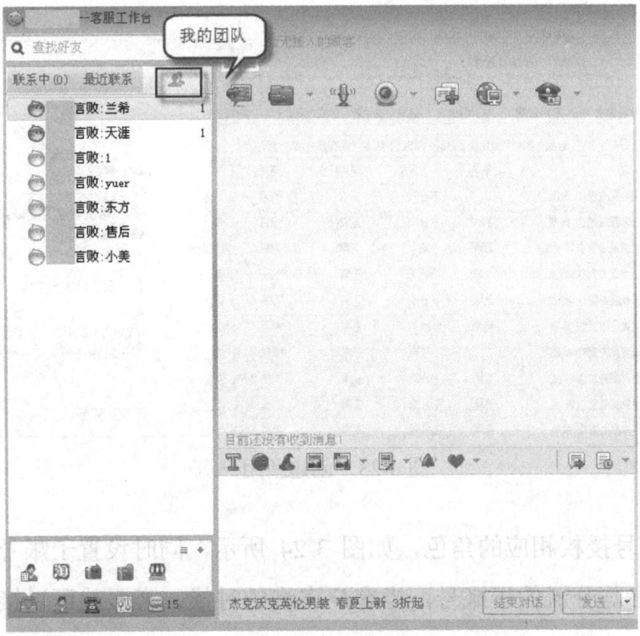


图 3-21　团队对话

## 四、实验分析和主要步骤

1．首先登录淘宝网首页，进入“卖家中心”，在左侧店铺管理里找到“子账号管理”。

2．进入子账号管理页面，单击“角色管理”，如图 3-22 所示，单击“创建角色”按钮可以给予相应的角色授权，如负责销售的子账号、负责客户咨询的子账号分别有各自对应的权限。



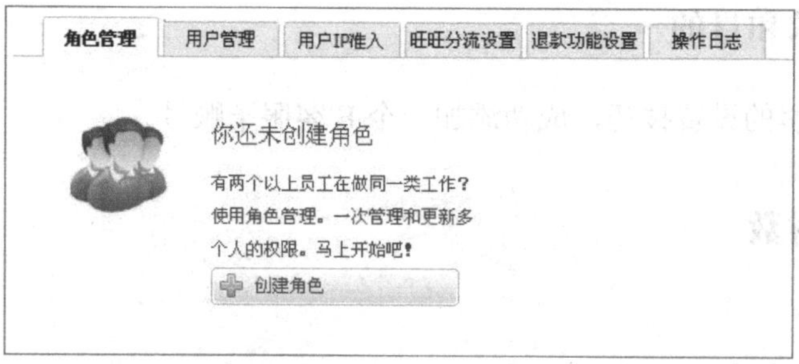


图 3-22　子账号管理后台

3. 单击“用户管理”，创建用户，单击右侧的“创建新用户”按钮，如图 3-23 所示。

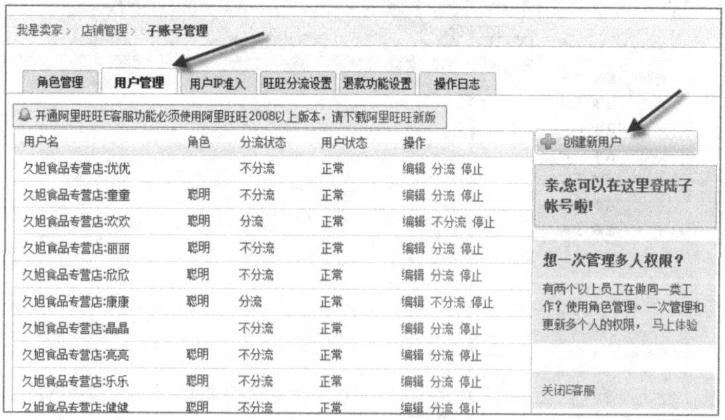


图 3-23　创建新用户

4．为子账号授权相应的角色，如图 3-24 所示，同时设置子账号登录密码和是否参与分流。参与分流的子账号，当客户咨询的时候，客服就可以接收到客户的信息，相反不参与分流的子账号，只能接收之前咨询过的客户的信息，新客户发送的新信息将不会收到。在子账户后台还可以设置按比例分流，方便卖家针对不同能力的客服分配客流。

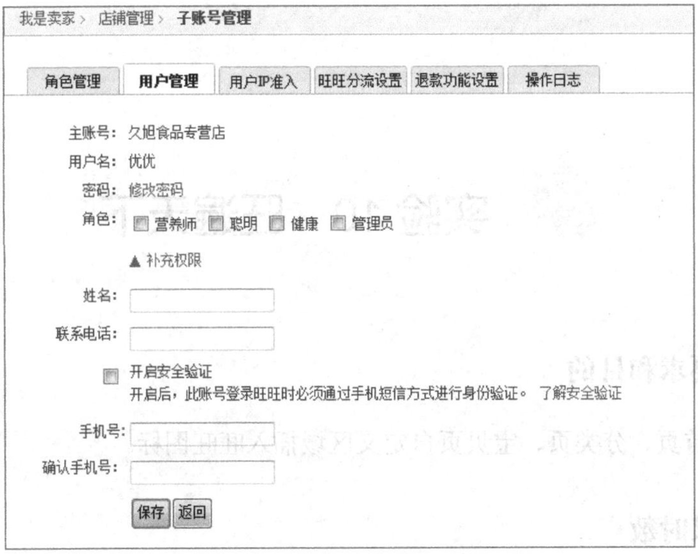


图 3-24　设置子账号角色

5．用子账号登录旺旺，子账号名为“主账号名:图 3-24 中的用户名”，注意这里的冒号要在英文状态下输入。

6．子账号可以通过单击 E 客服面板中的“快捷入口”直接登录到 E 客服后台进行操作。

# 实验 10　旺遍天下

## 一、实验要求和目的

在店铺首页、分类页、宝贝页自定义区域插入旺旺图标。

## 二、实验课时数

1 课时。

## 三、实验结果

如图 3-25 所示。

图 3-25　店铺首页插入旺旺图标

## 四、实验分析和主要步骤

1．在浏览器内输入地址 http://www.taobao.com/wangwang/2010_fp/world.php，进入阿里旺旺的旺遍天下，如图 3-26 所示。

图 3-26　旺遍天下入口

2．选择在线状态图片风格，填写文字提示信息，单击“生成网页代码”按钮后复制代码，如图 3-27 所示。

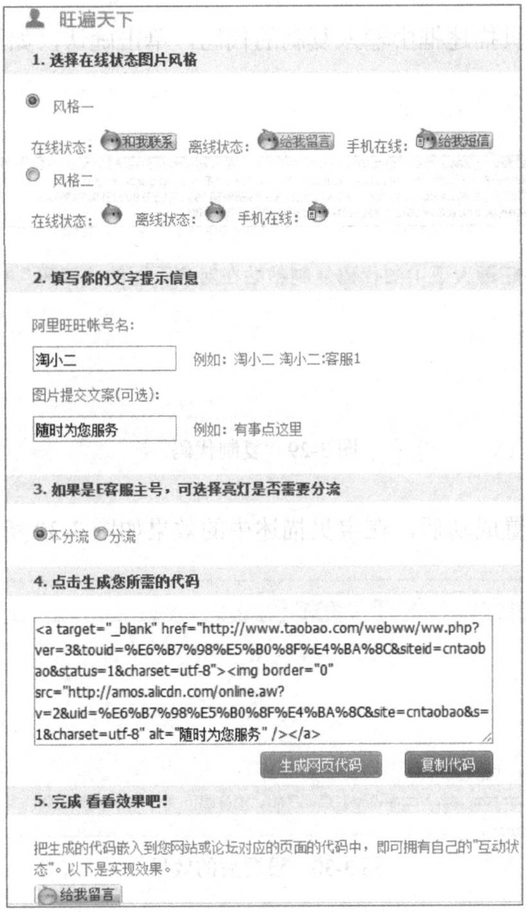


图 3-27 设置旺遍天下

3. 进入到“出售中的宝贝”页面，单击“编辑”按钮后进入编辑页面，将复制的代码输入到宝贝描述中的“源码”文件中，单击“宝贝描述”设置中的“源码”按钮，如图 3-28 所示。

注意：如果你用的是旧编辑器，请单击“编辑源文件”按钮进行操作。

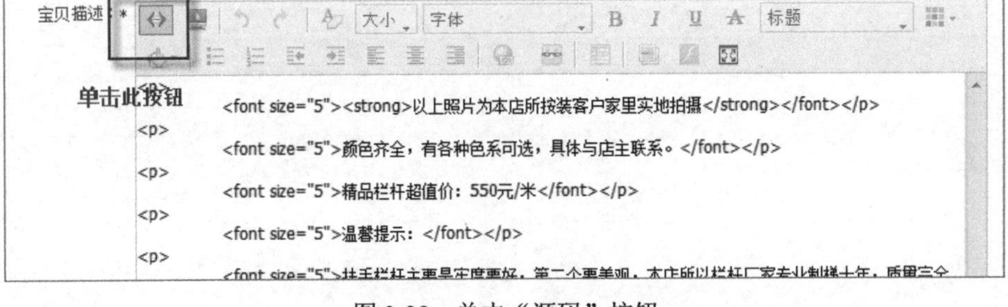


图 3-28 单击“源码”按钮

4．在弹出的宝贝描述框中输入复制的代码，单击确认，如图 3-29 所示。

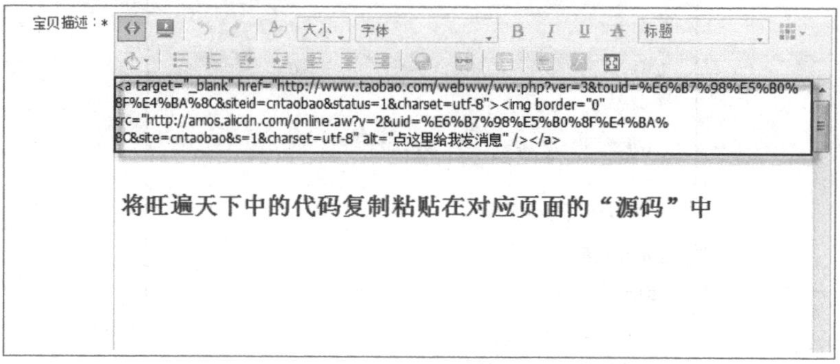


图 3-29　复制代码

5．旺遍天下设置成功后，在宝贝描述中的效果如图 3-30 所示。

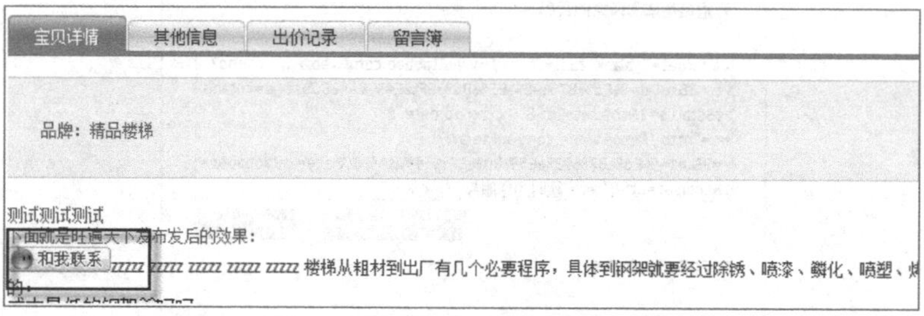


图 3-30　设置后的效果

运用上面的方法，可以有效地让阿里旺旺出现在自己所需要的位置。通过数据分析，合理地提高阿里旺旺的展现率，和其他对手相比，顾客与本店客服联系的机会增加，从而增加了提高转化率的可能性。

# 实验 11　安装数字证书、查看交易明细

## 一、实验要求和目的

1. 通过实验学会申请和安装数字证书，并保留证书备份以便将来需要时再导入使用。

2. 学会查看支付宝账户的交易明细，随时了解账户资金的收入和支出情况。

## 二、实验课时数

1 课时。

## 三、实验结果

如图 3-31 至图 3-34 所示。

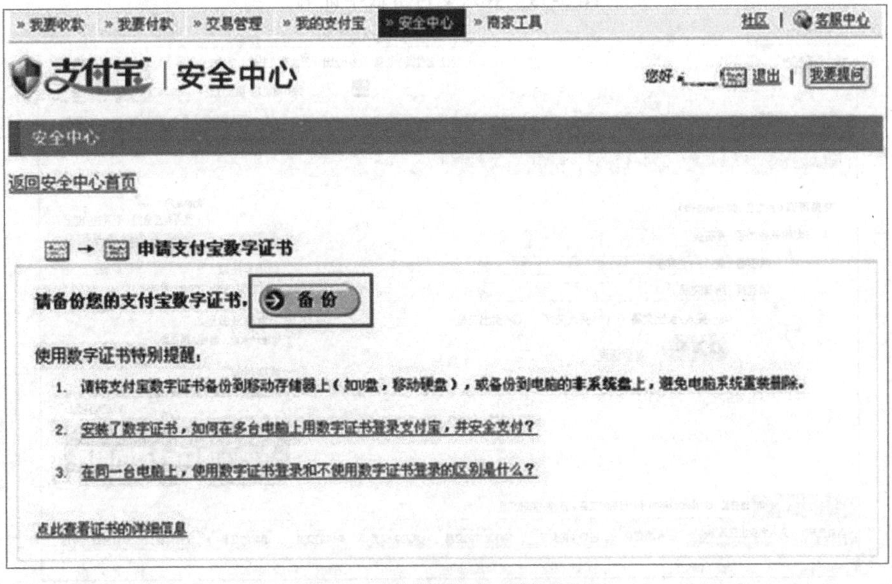


图 3-31　申请支付宝数字证书

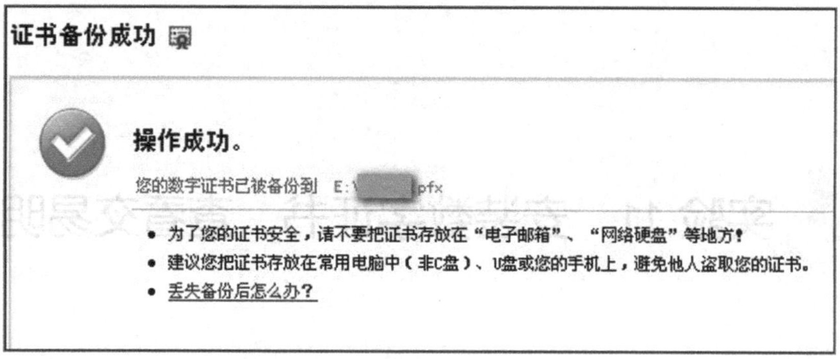

证书备份成功
操作成功。
您的数字证书已被备份到 E:\ pfx
为了您的证书安全，请不要把证书存放在“电子邮箱”、“网络硬盘”等地方！
建议您把证书存放在常用电脑中（非C盘）、U盘或您的手机上，避免他人盗取您的证书。
丢失备份后怎么办？


图 3-32　备份数字证书

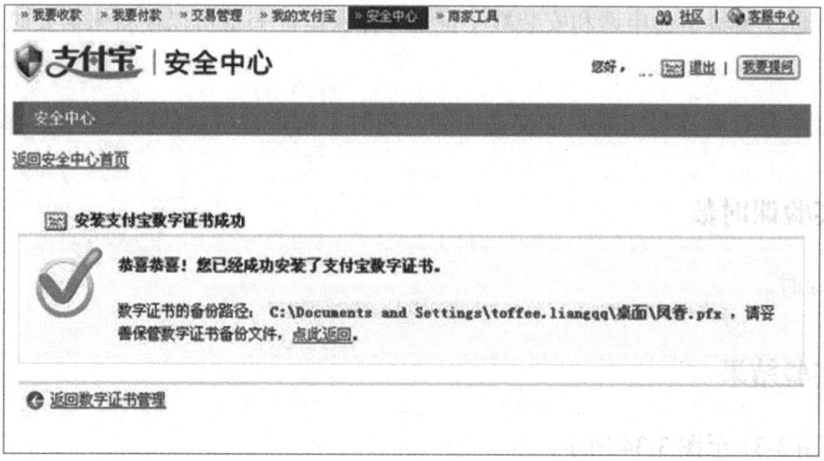


图 3-33　导入支付宝数字证书

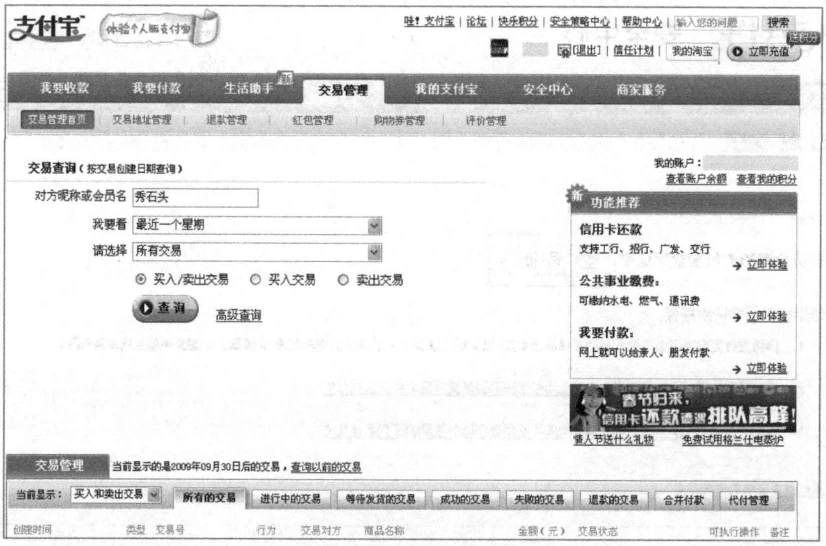


图 3-34　查看支付宝交易明细

## 四、实验分析和主要步骤

### （一）申请数字证书

1．登录支付宝账户，系统提示该账户还未安装支付宝“数字证书”功能，单击“开通此功能”申请数字证书。

2．单击“申请”链接进行数字证书的申请操作。

3．输入账户认证时填写的身份证件号码，输入后单击“确定”按钮进行安全校验。

4．校验成功后，单击“申请支付宝数字证书”进入下一步。

5．根据页面提示来设置安全问题并牢记答案，填写好内容后单击“确定”按钮。

6．预览所填写的内容，可以单击“返回修改”按钮重新设置安全问题，如果无需修改，则单击“确定”按钮，安全问题设置即告生效。

7．准确填写证书的使用地点，以方便日后远程管理证书时能清楚辨别证书的使用地点，填写后单击“确定”按钮继续。

8．查看并核实账户信息，单击“确定”按钮，系统提示数字证书已成功申请并即时生效。

### （二）备份数字证书

1．登录支付宝账户，单击“安全中心”→“数字证书”→“点此管理数字证书”进入备份证书操作页面。

2．设置并牢记“证书备份密码”，否则今后无法导入证书；在操作“本机是否允许再备份”时，如果选择了不允许，那么这次证书备份后，以后都不能在这台电脑上再次备份，所以请根据实际情况，慎重选择是否允许再次备份，单击“备份”按钮继续操作。

3．选择保存备份的目标文件夹，单击“保存”按钮，将会生成一个“********.pfx”的备份文件，“********”会自动显示为该支付宝账户的名字，要妥善保管备份资料，并且记住保存备份文件的目录。

4．系统提示证书备份成功。

### （三）导入数字证书

必须确认是支付宝数字证书用户，且当前使用的计算机上没有安装支付宝数字证书，那么，可以使用“证书导入”功能，将证书导入，以使账户能够正常操作付款和收款等资金往来业务。

1．登录支付宝账户，单击“安全中心”→“数字证书”→“管理数字证书”，或者单击“安全中心”→“安全检测”→“管理数字证书”进入导入证书页面。

2．单击“导入证书”链接继续下一步操作。

3．选择当时备份的证书，输入预设的备份密码，单击“导入”按钮。

4．系统提示数字证书导入成功。

5．重新登录支付宝账户，数字证书即告生效。



**（四）查看交易明细**

1．登录支付宝账户，选择时间周期和交易类型后，如“最近一周内”和“买家已付款，等待卖家发货”，单击“查询”按钮，搜索最近一周内发生的所有待发货的交易明细。

2．登录支付宝账户，单击“交易管理”，输入对方的昵称或会员名，选择时间周期和交易类型后，单击“查询”按钮，精确搜索与该会员的交易明细。

# 实验 12 即时到账功能、支付宝充值

## 一、实验要求和目的

1．了解使用即时到账功能所必须具备的两个条件。

2．学会操作即时到账交易，了解即时到账功能规定的转账限额。

3．使用开通了网上银行转账功能的银行卡或信用卡为支付宝账户充值。

## 二、实验课时数

1 课时。

## 三、实验结果

如图 3-35、图 3-36 所示。

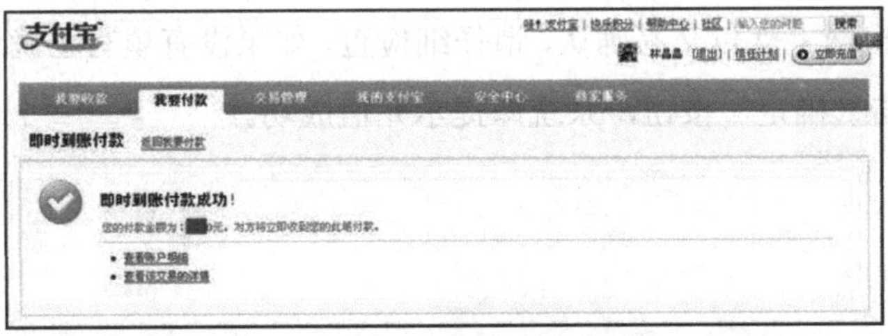


图 3-35 支付宝即时到账付款

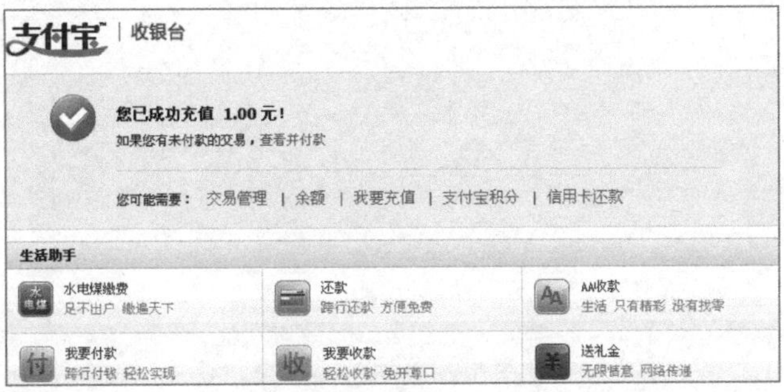


图 3-36 支付宝充值

## 四、实验分析和主要步骤

### （一）即时到账功能

1. 使用即时到账功能要注意两个必须具备的条件：第一，必须拥有支付宝账户；第二，收款方必须通过支付宝实名认证才可以接收到款项。

2. 登录支付宝账户，单击“我要付款”按钮（系统默认即时到账交易付款）。

3. 选择直接给“亲朋好友”付钱。

4. 输入收款方 E-mail、付款原因、付款金额。

5. 确认付款信息，输入支付密码，单击“确认付款”按钮。

6. 即时到账付款成功。

### （二）支付宝充值

1. 登录支付宝账户，进入“我的支付宝”，单击“充值”按钮进入下一步。

2. 在“充值方式”里选择网上银行充值，选择一家网上银行，如招商银行，单击“下一步”按钮继续。

3. 输入充值金额，确认无误后单击“登录到网上银行充值”按钮，系统将会在新窗口中打开网上银行页面。

4. 选择银行卡类型，输入卡号、支付密码及附加码，消费类型选择充值缴费，然后单击“确定”按钮继续。

5. 系统弹出网上支付交易确认，请仔细检查，如果没有填写正确还可以再修改，核实无误后单击“确定”按钮，系统即提示充值成功。

# 实验 13　使用淘宝助理创建新商品

## 一、实验要求和目的

1．掌握使用淘宝助理的空白模板方式来创建新商品的方法。

2．通过实际操作，了解和尝试采用宝贝范本和复制宝贝进行修改，使之成为一件新商品的创建新品方式，达到省时省力，提高效率的目的。

## 二、实验课时数

1 课时。

## 三、实验结果

如图 3-37 所示。

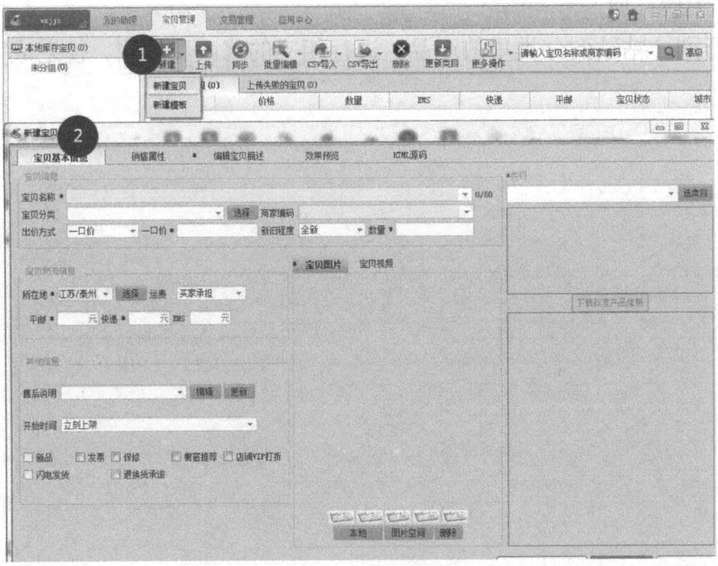


图 3-37　创建新商品

## 四、实验分析和主要步骤

1．双击电脑桌面上的“淘宝助理”图标，在打开的界面中输入淘宝用户名和密码登录。

2．选择左侧的“库存宝贝”分类，单击操作界面左上角的“新建宝贝”按钮，选择空白模板。

3．出现编辑单个宝贝界面，在“编辑基本资讯”页面里依次填写或选择宝贝名称、店铺类目、新旧程度等常规资讯，以及出价方式、售价、促销活动、上架时间和周期、邮费等信息，上传商品照片，选择属性类目和关键属性、非关键属性。

4．单击“销售属性”页面，选择颜色及尺码等其他属性信息，并上传或插入不同颜色款的商品图片进行展示。

5．在“编辑宝贝描述”页面里输入文字说明，并插入商品细节图片。

6．或者在“HTML 原始程式码”页面里粘贴宝贝描述模板代码，并根据具体情况修改说明细节。

7．单击进入“宝贝描述预览”页面进行查看，确认无误后，单击“保存”按钮退出，即成功创建了一件新的商品。

8．在淘宝助理左边的分类里，选中任意一件商品，使用鼠标右键单击，选择“复制”命令，打开“宝贝范本”或“库存宝贝”分类，在右边空白处再次单击鼠标右键，选择“粘贴”命令。

9．打开刚才粘贴到分类里的商品，进行相应的修改和编辑，使之成为一件全新的商品。

# 实验 14 使用淘宝助理下载商品并批量修改

## 一、实验要求和目的

1．学会使用淘宝助理下载商品。

2．通过练习批量编辑商品名称来掌握批量修改功能，以便将来能够独立操作批量修改商品描述、宝贝数量、邮费等信息。

## 二、实验课时数

1 课时。

## 三、实验结果

如图 3-38 所示。

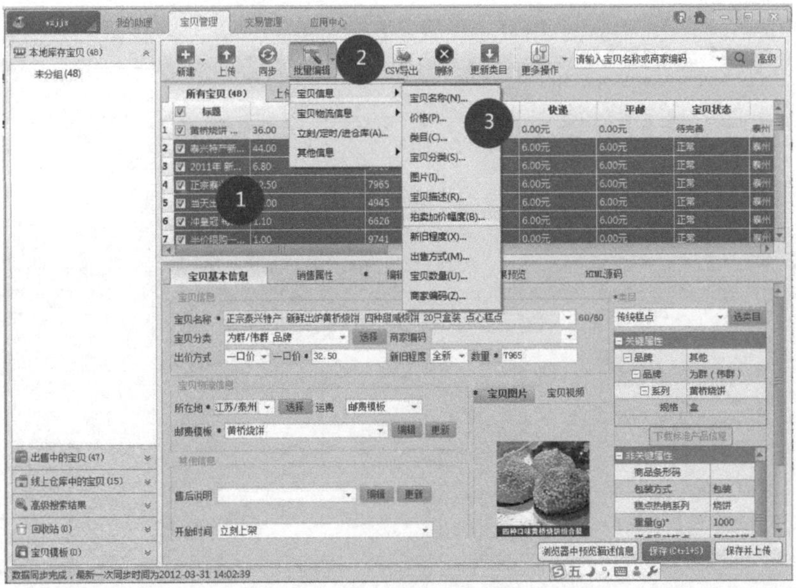

图 3-38 批量修改商品

## 四、实验分析和主要步骤

1. 登录淘宝助理，单击上面的“下载宝贝”按钮。

2. 在“宝贝管理”项中选择“出售中的宝贝”，并依次选择店内类目、宝贝状态、时间范围、标题关键字等，单击“下载”按钮进入下一步。

3. 进度条提示下载进度，到 100%时宝贝即告下载完毕，此时，下载的宝贝已进入淘宝助理的“出售中的宝贝”分类中。

4. 全选需要批量修改的商品，使之成为蓝底白字，然后单击菜单中的“批量编辑”→“宝贝信息”→“宝贝名称”命令。

5. 选择“编辑”和“查找并替换”，在下面的“查找”文本框里输入需要替换的词，在“替换为”文本框里输入新的替代词。

6. 单击“预览”按钮查看，确认无误后单击“保存”按钮提交修改信息，批量修改商品名称即告成功。

# 实验 15　使用淘宝助理更新数据

## 一、实验要求和目的

1. 学会更新淘宝网页上的类目、属性等信息。
2. 保证本地信息与淘宝网保持一致。

## 二、实验课时数

1 课时。

## 三、实验结果

如图 3-39 所示。

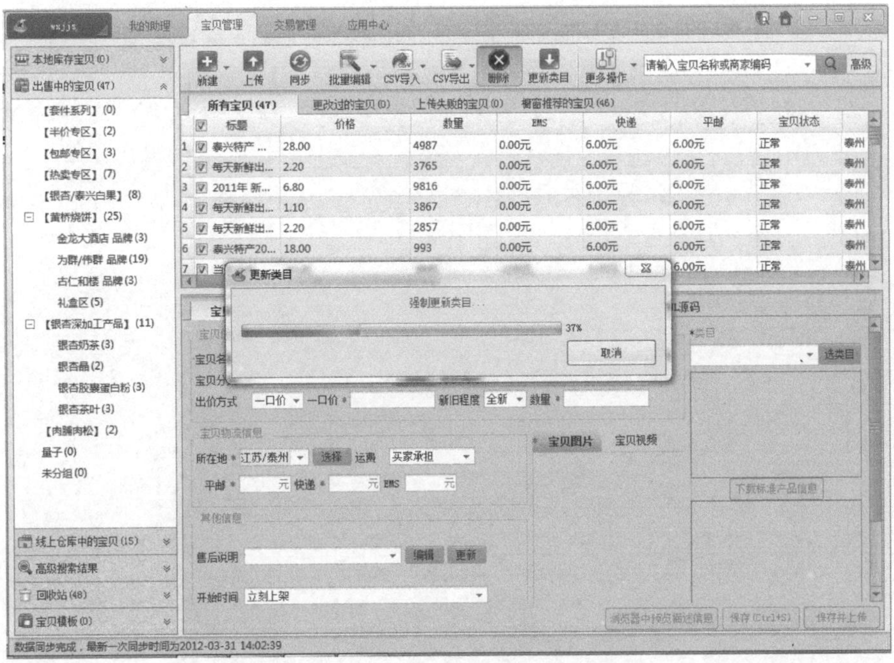


图 3-39　更新类目

## 四、实验分析和主要步骤

1．登录淘宝助理，单击上部的“宝贝管理”标签。

2．在“宝贝管理”项中选择“出售中的宝贝”

3．选择“更新类目”以及“更新数据”来更新线上内容。

# 实验 16　使用淘宝助理进行橱窗推荐和店铺推荐

## 一、实验要求和目的

1．掌握利用淘宝助理进行橱窗推荐的技巧。

2．掌握利用淘宝助理进行店铺推荐的技巧。

## 二、实验课时数

1 课时。

## 三、实验结果

如图 3-40、图 3-41 所示。

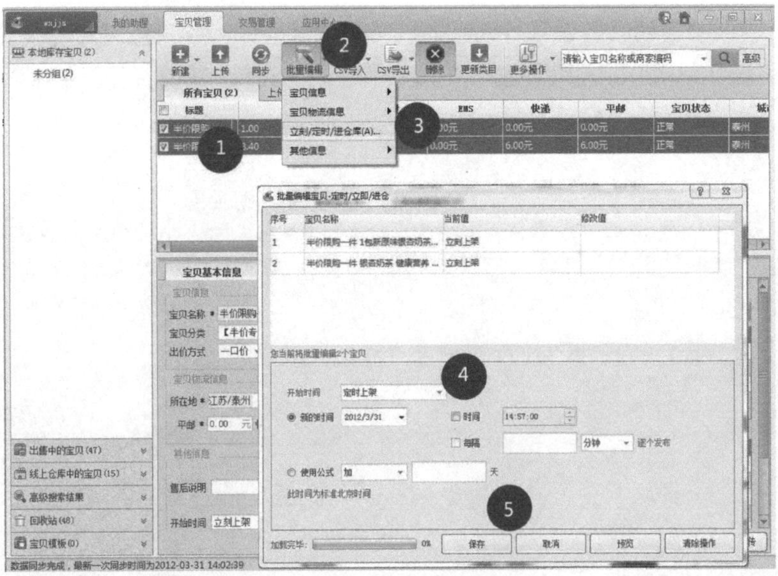


图 3-40　图片搬家

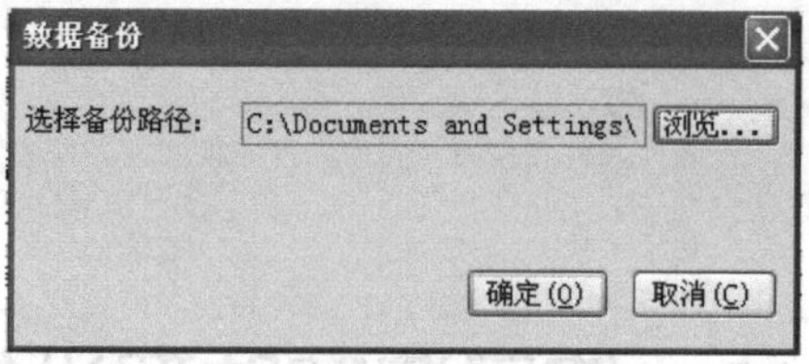


图 3-41　数据备份



## 四、实验分析和主要步骤

1．打开淘宝助理，在“宝贝管理”项中选择“出售中的宝贝”，进入出售中的宝贝页面。

2．选中要进行橱窗推荐的宝贝，单击“批量编辑”按钮。

3．弹出设置对话框后，在设置对话框中设置橱窗推荐与店铺推荐。

# 实验 17　使用网店版工具设置买家级别

## 一、实验要求和目的

当拥有固定客户群以后，对于买家实施一些优惠政策，增加客户黏度，有利于再次销售。

## 二、实验课时数

1 课时。

## 三、实验结果

如图 3-42 所示。

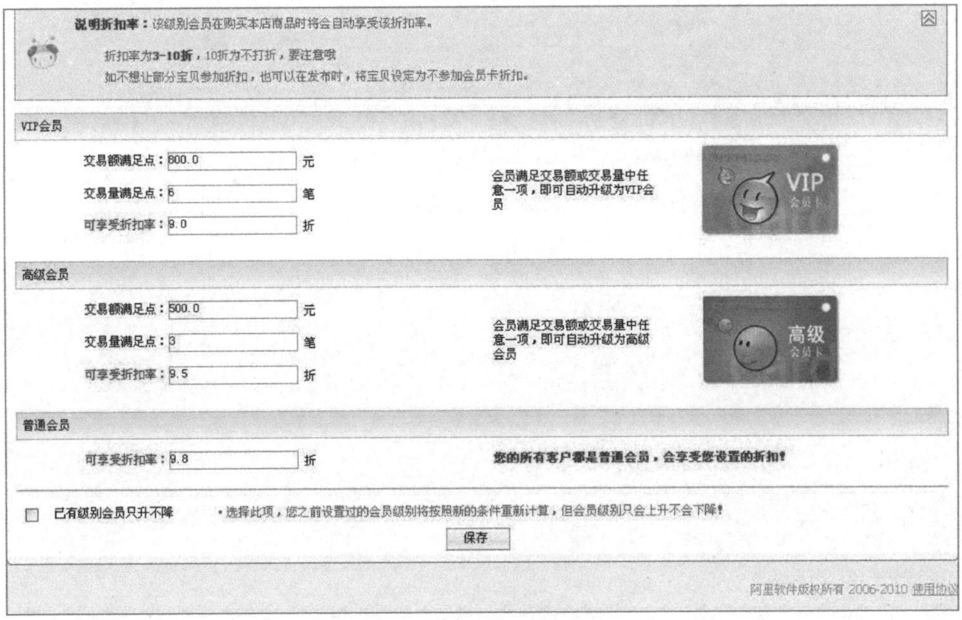


图 3-42　设置买家级别

## 四、实验分析和主要步骤

1. 单击进入“我的淘宝”，选择“我是卖家”，在页面最下方单击进入阿里软件网店版。

2. 选择并单击“客户”，选择“买家级别”进行设置，完成后单击“保存”按钮。

# 实验 18 查看会员关系管理

## 一、实验要求和目的

利用会员关系管理，查看新老客户比率，以及转化率。

## 二、实验课时数

1 课时。

## 三、实验结果

如图 3-43 所示。

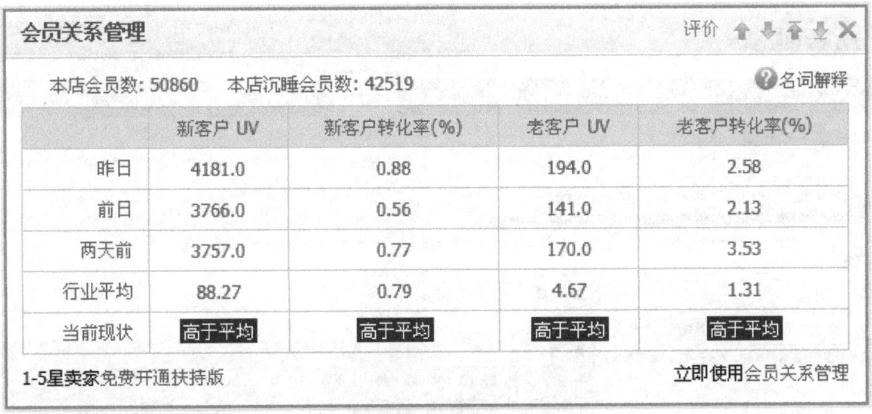

会员关系管理　　评价

本店会员数: 50860　本店沉睡会员数: 42519　名词解释

| | 新客户 UV | 新客户转化率(%) | 老客户 UV | 老客户转化率(%) |
|---|---|---|---|---|
| 昨日 | 4181.0 | 0.88 | 194.0 | 2.58 |
| 前日 | 3766.0 | 0.56 | 141.0 | 2.13 |
| 两天前 | 3757.0 | 0.77 | 170.0 | 3.53 |
| 行业平均 | 88.27 | 0.79 | 4.67 | 1.31 |
| 当前现状 | 高于平均 | 高于平均 | 高于平均 | 高于平均 |

1-5星卖家免费开通扶持版　　立即使用会员关系管理

图 3-43　设置客户关怀

## 四、实验分析和主要步骤

1. 单击进入“我的淘宝”，选择“我是卖家”，在页面中部添加免费模块。

2. 选择并单击“未添加模块”，选择“会员关系管理”，单击“添加”添加会员关系管理模块。

# 实验 19　使用网店版进行营销信息管理

## 一、实验要求和目的

要求学员运用网店版为指定客户发送信息，以达到营销的作用。

## 二、实验课时数

1 课时。

## 三、实验结果

如图 3-44 所示。

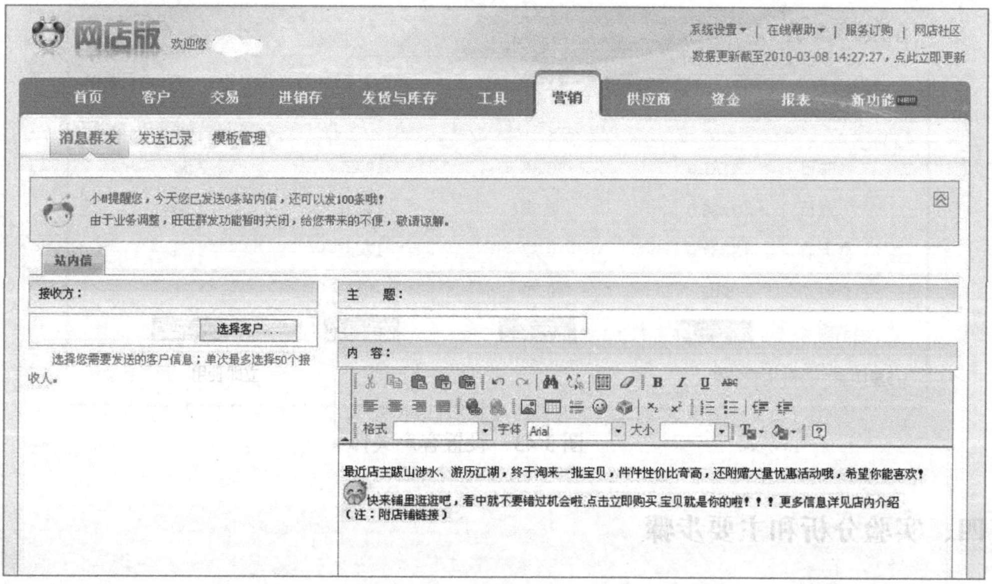


图 3-44　营销信息管理

## 四、实验分析和主要步骤

1．登录阿里软件网店版，选择“营销”。选择消息群发，发送方式为站内信。

2．进入“模板管理”，选择合适的模板为客户发送营销站内信。

# 实验 20　量子恒道店铺经来源百分比



## 一、实验要求和目的

分析量子恒道来源，计算出付款流量、免费流量的百分比。判断流量是否健康，如何调整。

## 二、实验课时数

1 课时。

## 三、实验结果

如图 3-45 所示。

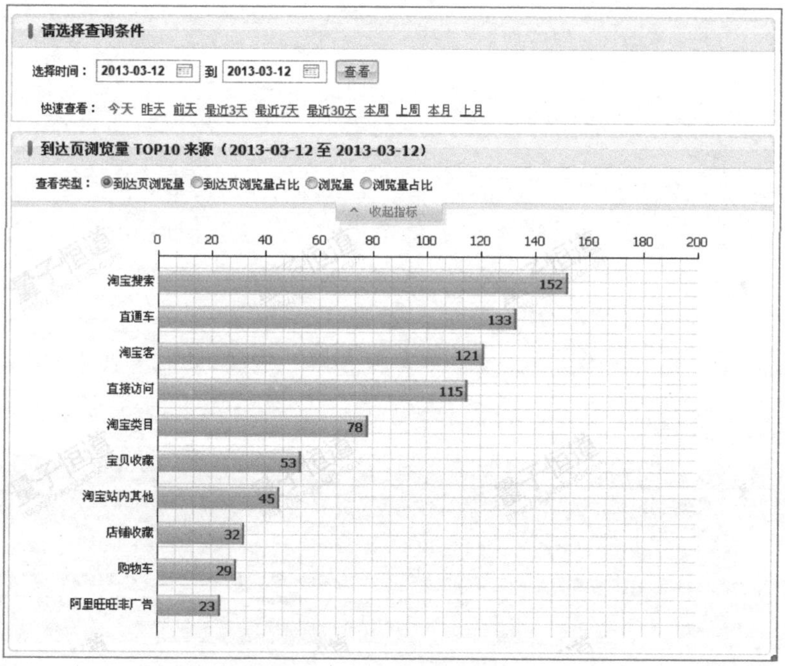


图 3-45　量子恒道来源

## 四、实验分析和主要步骤

1．登录量子恒道店铺经，单击“流量来源构成”按钮。

2．计算出付款流量、免费流量的百分比，尝试分析流量来源是否健康，如何调整。

# 实验 21　开通量子恒道店铺经



## 一、实验要求和目的

开通量子恒道店铺经，了解其各种功能。

## 二、实验课时数

1 课时。

## 三、实验结果

如图 3-46 所示。

图 3-46　量子恒道

## 四、实验分析和主要步骤

进入“卖家中心”→“软件服务”→“我要订购”页面，搜索“量子恒道统计”订购。

也可以进入量子首页通过以下两种途径订购量子恒道统计。

### （一）量子首页→登录→量子超市→订购

1. 首先进入量子恒道店铺经（淘宝官方版）首页 http://lz.taobao.com。
2. 用掌柜 ID 登录。
3. 单击报表左下角的“量子超市”。
4. 选择需要订购的产品，单击“订购”按钮。

### （二）量子首页→立即订购→登录→量子超市→订购

1. 进入量子恒道店铺经首页 http://lz.taobao.com。
2. 单击首页上的“立即订购”按钮。
3. 用掌柜 ID 登录，进入“量子超市”。
4. 选择需要订购的产品，单击“订购”按钮。

# 实训第三周

笔记：

总结：

# 习 题 四

（教材《电商运营》第 6 章“商品拍摄与网店美化”习题）

# 实验 1　三个步骤拍出一张数码照片



## 一、实验要求和目的

1．按照如图 4-1 所示的三个步骤拍出一张数码照片。

2．了解拍摄过程中取景的重要性和按快门的诀窍。

## 二、实验课时数

1 课时。

## 三、实验结果

如图 4-1 所示。

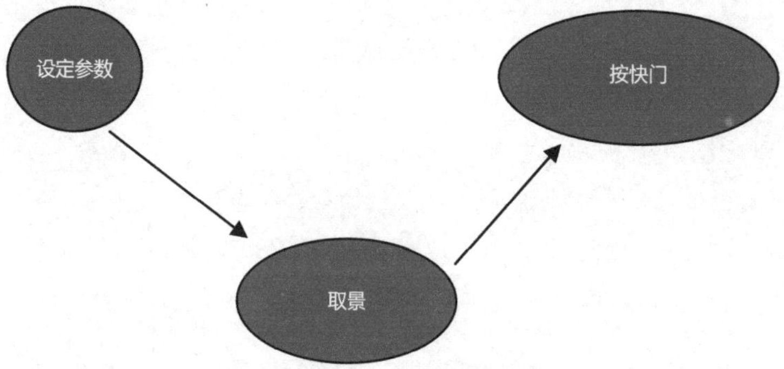


图 4-1　三个步骤拍出一张数码照片

## 四、实验分析和主要步骤

1．将功能模式按钮调整到“拍摄”，然后将曝光模式按钮调整到“自动”，再将拍摄模式选择调整到“单张拍摄”，最后再把闪光灯模式也选择为“自动”。

2．选择好被拍摄的物体后取景，取的景象会被显示在相机 LCD 液晶显示屏上，所见所得。取景时，眼睛要和液晶显示屏保持垂直角度，远近和大小通过机身后面的缩放控制按钮来调节，通过观察液晶显示屏确定最后的取景效果。

3．先半按快门对焦，当我们在取景器或 LCD 液晶显示屏上看到对焦成功的提示后，再接着按下快门，即完成了一次照片的拍摄。按快门的时候手一定要稳，不要晃动，特别是使用慢速快门拍摄的时候，还需要屏住呼吸，以尽可能保持拍摄的稳定性。这样，就能拍出清晰的数码照片了。

# 实验 2 光圈和景深



## 一、实验要求和目的

1．了解光圈和景深的密切关系，通过光圈的大小调节景深的虚实。

2．采用不同的光圈设置拍摄出有远近层次和虚实效果的照片。

## 二、实验课时数

1 课时。

## 三、实验结果

如图 4-2 所示。

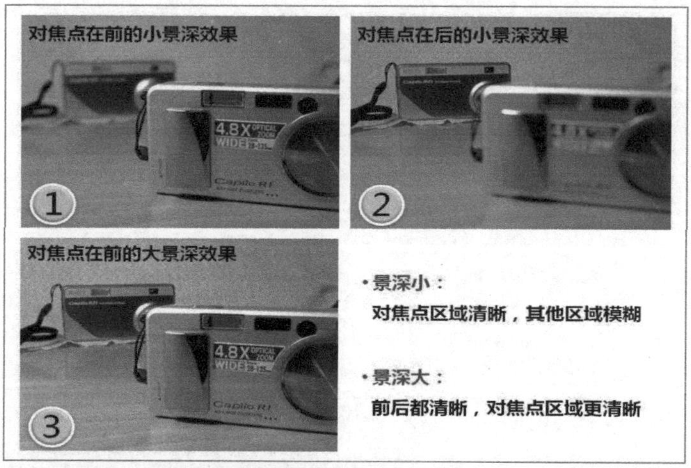

对焦点在前的小景深效果
对焦点在后的小景深效果
对焦点在前的大景深效果
•景深小：
对焦点区域清晰，其他区域模糊
•景深大：
前后都清晰，对焦点区域更清晰


图 4-2　使用不同光圈拍摄产品的效果图

## 四、实验分析和主要步骤

1．如图 4-2 第①图：相机调到大光圈，景深就变小。将焦点对准前面的相机，按下快门。相机聚焦调节，成像后，前面相机的拍摄效果很清晰，后面相机的拍摄效果则很模糊，从而使被拍摄物品主题更加清晰。

2．如图 4-2 第②图：相机调到大光圈，依然是小景深。将焦点对准后面的相机，按下快门。相机聚焦调节，成像后，后面相机的拍摄效果很清晰，前面相机的拍摄效果则很模糊，从而使被拍摄物品主题更加清晰。

3．如图 4-2 第③图：相机调到小光圈，景深就变大。将焦点对准前面的相机，按下快门。相机聚焦调节，成像后，前后两个相机的拍摄效果都很清晰。如果要拍整套组合商品或者“全家福照片”，要使用这种大景深拍摄。

# 实验 3　曝光补偿和白平衡调整

## 一、实验要求和目的

1. 曝光补偿：在商品的拍摄过程中，通过对曝光值的正负调整，使被拍摄主体获得合适的曝光量，让画面达到最佳的亮度和对比度。

2. 白平衡调整：在不同的光源条件下，使用相应的白平衡调整功能，使被拍摄的商品还原最真实的色彩。

## 二、实验课时数

1 课时。

## 三、实验结果

如图 4-3、图 4-4 所示。

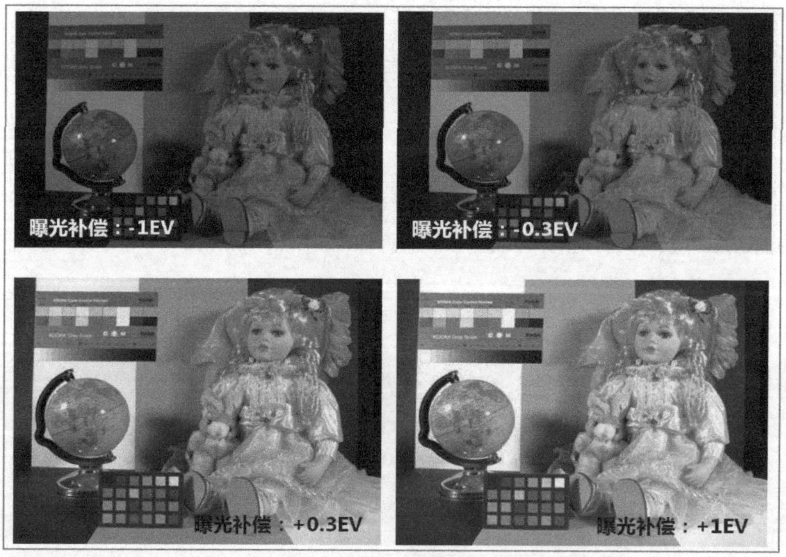


图 4-3　曝光补偿

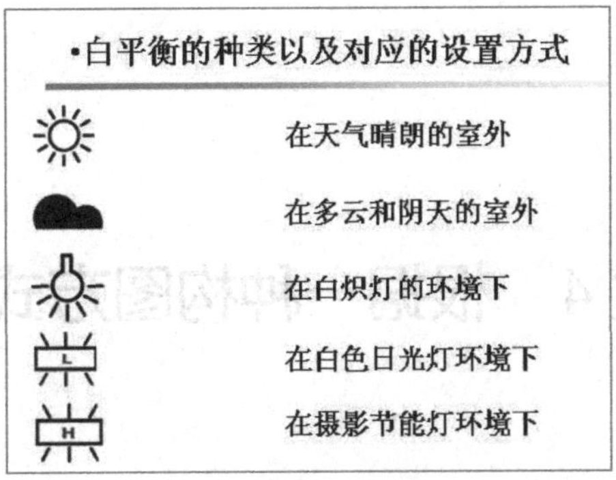


图 4-4　设置白平衡

## 四、实验分析和主要步骤

### （一）曝光补偿

1．分析拍摄环境光源条件，初步尝试调节曝光补偿值，取景后拍摄。

2．根据被拍摄图片的明暗程度，相应调节曝光补偿值，以“如果照片过亮，减小 EV 值，做曝光负补偿，则照片的亮度降低；如果照片过暗，增加 EV 值，做曝光正补偿，则照片的亮度提高”为准则来正负调节曝光补偿值，将照片调整到一个最接近事物颜色的亮度。

### （二）白平衡的调节

判断拍摄场地的光源种类，在相机的“菜单”键里找到白平衡功能键，选择相对应的白平衡种类，取景拍摄。

# 实验 4　根据一种构图方式拍摄照片



## 一、实验要求和目的

用三分法拍摄一张照片，掌握构图的方法。

## 二、实验课时数

1 课时。

## 三、实验结果

如图 4-5 所示。

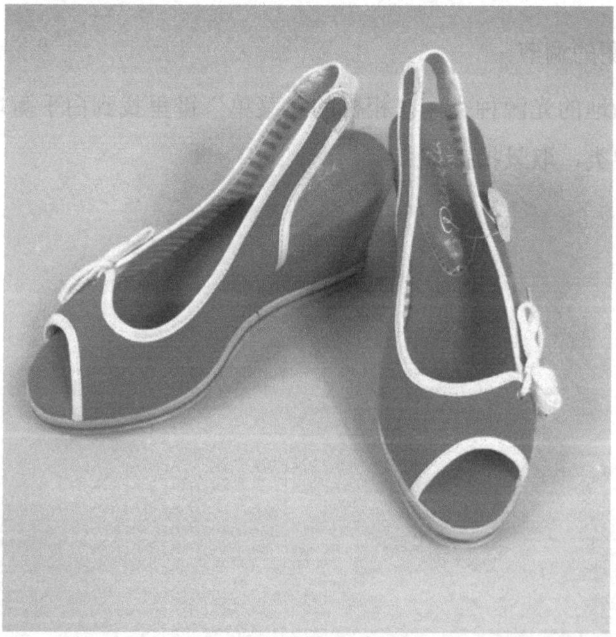

图 4-5　三分法构图

## 四、实验分析和主要步骤

1. 选择要拍摄的商品。
2. 寻找符合拍摄主题的背景纸或背景布。
3. 尝试多种方式将商品进行构图。
4. 拍摄一张以三分法构图的商品图片。

# 实验 5　小件商品的拍摄



## 一、实验要求和目的

1．针对表面质感不同的商品，合理运用光线对被拍物品产生的效果，拍摄出具有美感的商品图片。

2．熟练运用相机上的微距功能，将被拍商品的细微之处直观地呈现出来。

## 二、实验课时数

2 课时。

## 三、实验结果

如图 4-6、图 4-7 所示。

图 4-6　进行合理摆放与布光后拍摄的小件商品

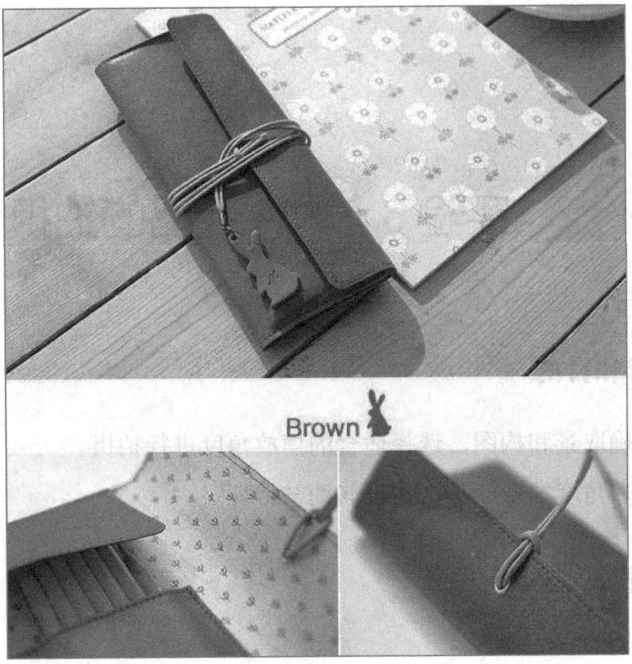


图 4-7　微距功能精致展现主图与细节图

## 四、实验分析和主要步骤

1．在拍摄之前，首先将小件商品进行合理的摆放和组合，使之呈现较合理的构图。

2．根据商品表面质感对光线的不同反映，判断被拍小件商品属于哪一类材质，进行有效布光。

3．启用相机中的“微距”功能键，在取景器中取景和构图，拍摄图片。

# 实验 6　大件商品的拍摄

## 一、实验要求和目的

1．学会正确取景和构图，选择适合的摆放角度进行拍摄。

2．掌握以多角度拍摄商品，体现其细节特征。

## 二、实验课时数

2 课时。

## 三、实验结果

如图 4-8 所示。

图 4-8　大件商品拍摄主图

## 四、实验分析和主要步骤

1. 放置好白色绒面摄影专用背景纸。
2. 用两盏摄影灯分别从两侧打光。
3. 将商品的包装、商品主体和配送的滤干桶按前主后次的顺序摆放。
4. 将相机调整到静物拍摄状态后，分两次轻轻按下快门。
5. 将商品包装中的配件取出，分开按不同角度摆放。
6. 将相机调整到微距模式，然后分两次轻轻按下快门。
7. 为更好地表现商品的使用方法，可以配合真人示范拍摄。

# 实验 7　美化处理一张商品图片

## 一、实验要求和目的

1．掌握使用光影魔术手简单处理图片的技巧。

2．用光影魔术手处理一张图片。

## 二、实验课时数

1 课时。

## 三、实验结果

如图 4-9 所示。

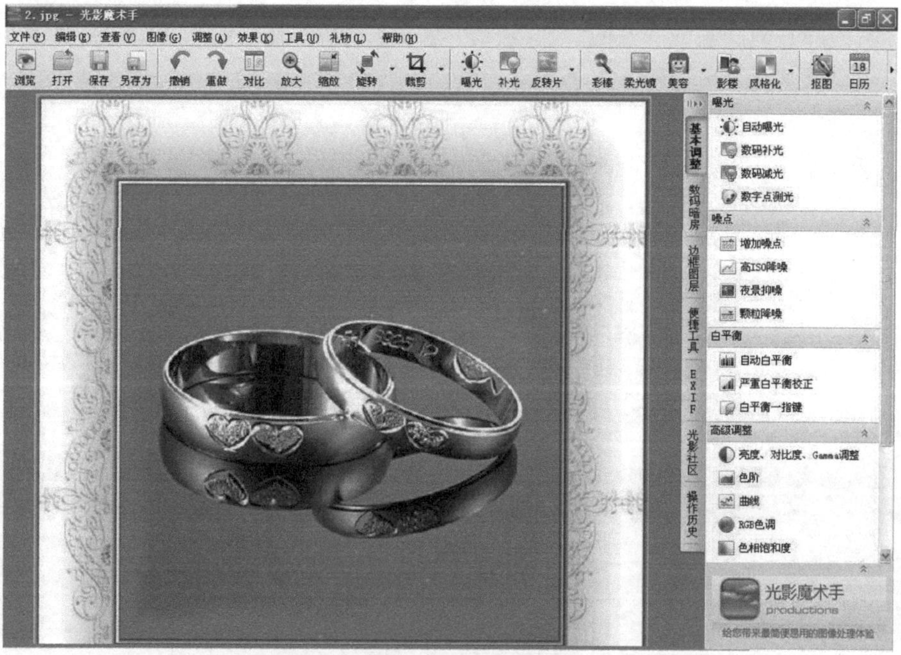


图 4-9　使用光影魔术手美化处理图片

## 四、实验分析和主要步骤

1．下载“光影魔术手”，并安装。

2．打开一张图片，单击“裁剪”按钮将图片裁剪到合适大小。

3．选择菜单中的“调整”命令，在下拉菜单中选择“色阶”。左右移动箭头调整图片光线。

4．选择菜单中“调整”命令，选择“自动白平衡”或“手动白平衡”将图片的真实色彩还原到最佳。

5．选择菜单中的“工具”命令，选择“花样边框”，为图片选择一种边框样式，图片处理成功。

# 实验 8　店铺店招设置

## 一、实验要求和目的

1．掌握店铺装修中在线编辑店招的方法。

2．掌握在店铺装修时选择文件更换店招的方法。

## 二、实验课时数

1 课时。

## 三、实验结果

如图 4-10 所示。

图 4-10　店铺店招

## 四、实验分析和主要步骤

1．登录淘宝网首页，单击进入“卖家中心”，选择“店铺装修”进入店铺装修页面。

2．单击店招上的“编辑”按钮，选择在线编辑。

3．更改店招上的店名，进行保存。

# 实验 9　店铺分类设置

## 一、实验要求和目的

1．掌握店铺装修中分类的设置方法。

2．将店铺中的宝贝进行分类放置。

## 二、实验课时数

1 课时。

## 三、实验结果

如图 4-11 所示。

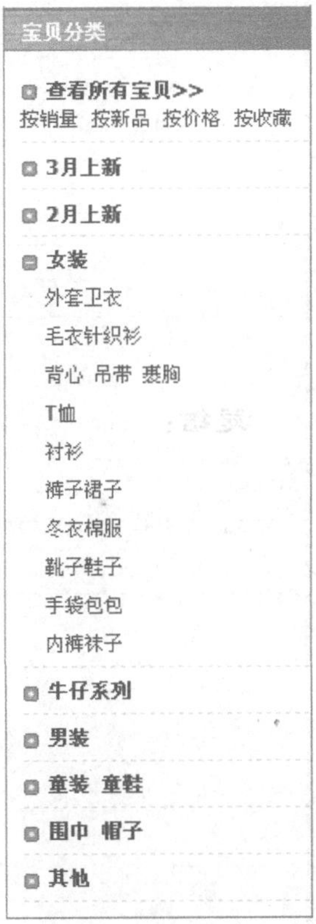


图 4-11　宝贝分类

## 四、实验分析和主要步骤

1．登录淘宝网首页，单击进入“卖家中心”，选择“店铺装修”进入店铺装修页面。

2．单击“宝贝分类”中的“编辑”按钮进入编辑分类页面。

3．单击“添加新分类”按钮添加新的分类，填写需要的分类名称。

4．单击“宝贝归类”，进入宝贝归类页面。

5．选择相关宝贝，添加所属分类，可添加多个分类。

# 实训第四周

**笔记：**

**总结：**

# 习 题 五

（教材《电商运营》第 7 章“网店推广与营销”习题）

# 实验 1　商品发布的三要素

## 一、实验要求和目的

1．掌握借力法发布产品的技巧。

2．参照本节的实验步骤，选择一种借力策略，成功运用借力法发布一件商品。

## 二、实验课时数

1 课时。

## 三、实验结果

商品标题如图 5-1 所示。

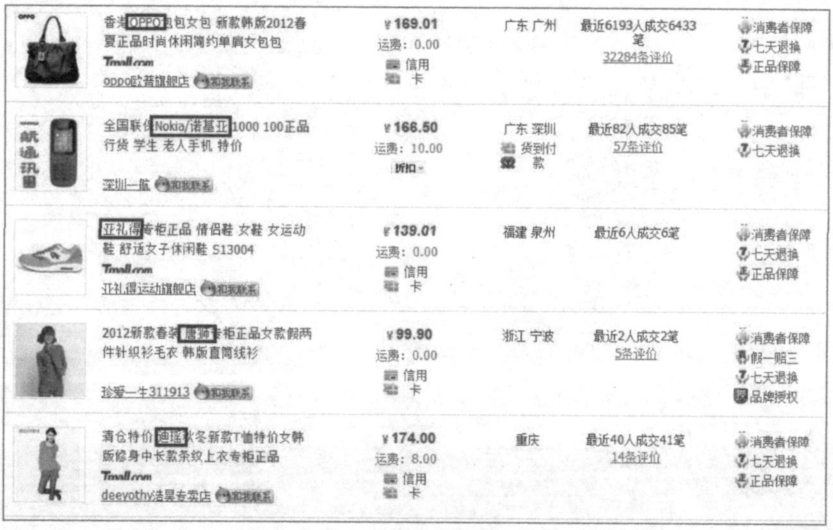


图 5-1　商品标题借品牌的力

商品图片如图 5-2 所示。

图 5-2　商品图片借品牌的力

商品描述如图 5-3 所示。

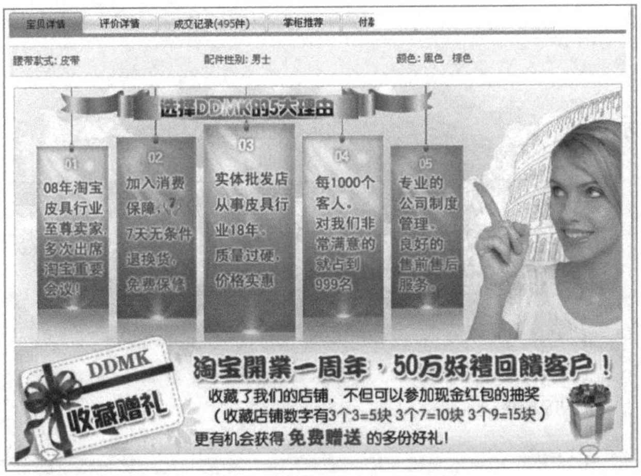


图 5-3　商品描述借品牌的力

## 四、实验分析和主要步骤

1．选择一款合适的商品，分析品牌优势并找到借力点。

2．在标题里面插入商品品牌或者店铺名称。

3．在商品图片里面加入商品品牌或者店铺名称 LOGO。

4．运用借力点，将店铺的承诺、品牌故事、品牌的由来、品牌的愿景等加入到宝贝信息中。

5．发布商品。

# 实验 2　消费者保障服务



## 一、实验要求和目的

通过本实验，掌握消费者保障服务的各项内容及开通条件。

## 二、实验课时数

1 课时。

## 三、实验结果

如图 5-4 所示。

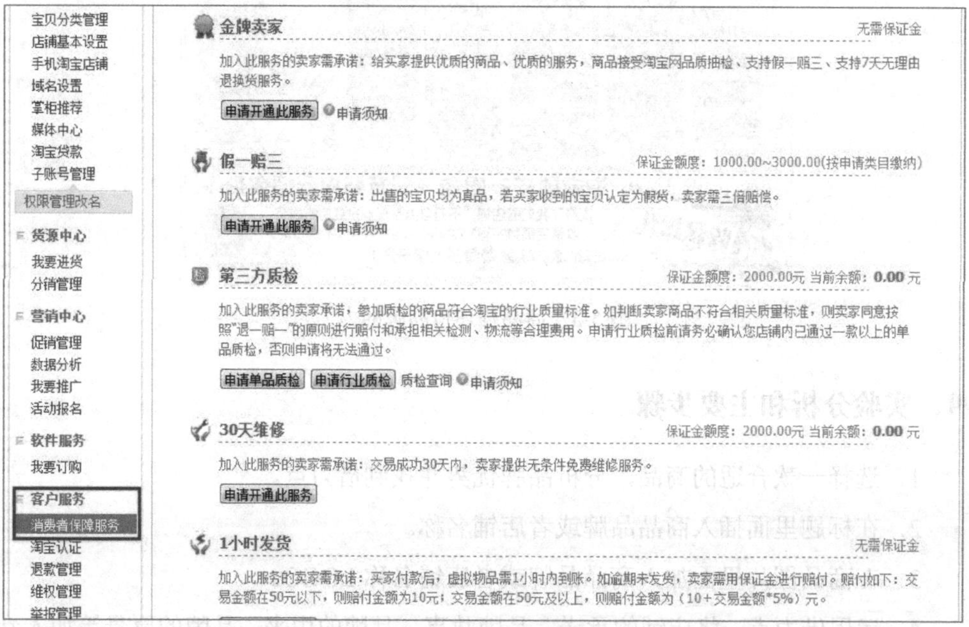


图 5-4　消费者保障服务

## 四、实验分析和主要步骤

1．通过“卖家中心”→“客户服务”→“消保者保障服务”路径找到消费者保障服务的页面。

2．学习开通各项服务的条件和方法。

3．根据店铺实际情况，参加至少一个服务。

# 实验 3　店内活动——满就送、限时打折



## 一、实验要求和目的

1. 掌握淘宝满就送活动的设置。
2. 掌握淘宝限时打折活动的设置。

## 二、实验课时数

1 课时。

## 三、实验结果

如图 5-5、图 5-6 所示。

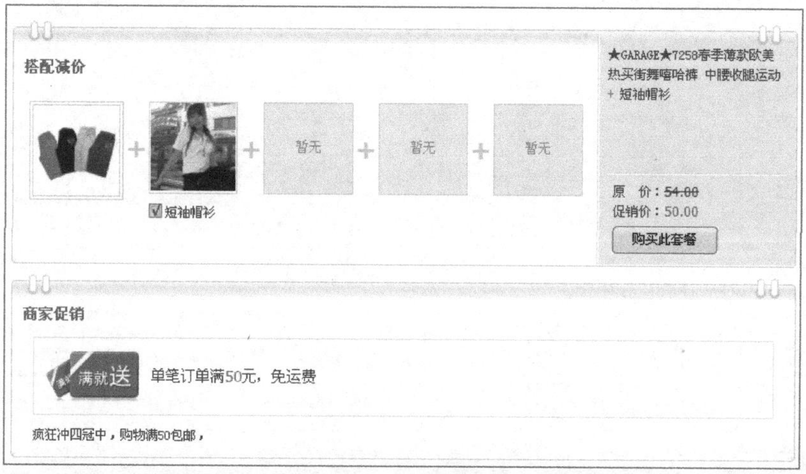


图 5-5　满就送活动

图 5-6　限时打折活动

## 四、实验分析和主要步骤

### （一）满就送活动设置

1. 进入“我的淘宝”→“我是卖家”→“营销中心”→“促销管理”。

2. 单击“满就送”，进入 “更改设置”页面。

3. 填写活动名称、优惠条件、优惠内容、活动时间、活动备注。

4. 最后单击“完成设置”按钮。

### （二）限时打折

1. 进入“我的淘宝”→“我是卖家”→“营销中心”→“促销管理”→“限时打折”。

2. 单击“限时打折”，创建活动。

3. 设置促销时段、选择宝贝，设置限时打折。

4. 最后单击“完成创建”按钮。

# 实验4　店内活动——搭配套餐、店铺优惠券

## 一、实验要求和目的

1．掌握淘宝搭配套餐的设置。

2．掌握淘宝优惠券的设置。

## 二、实验课时数

1课时。

## 三、实验结果

如图5-7、图5-8所示。

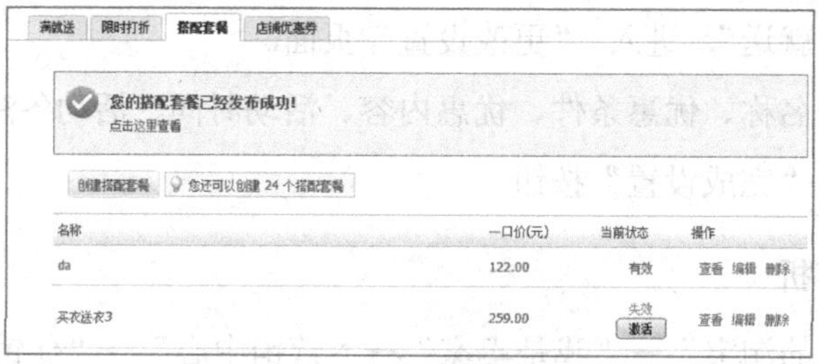


图5-7　搭配套餐

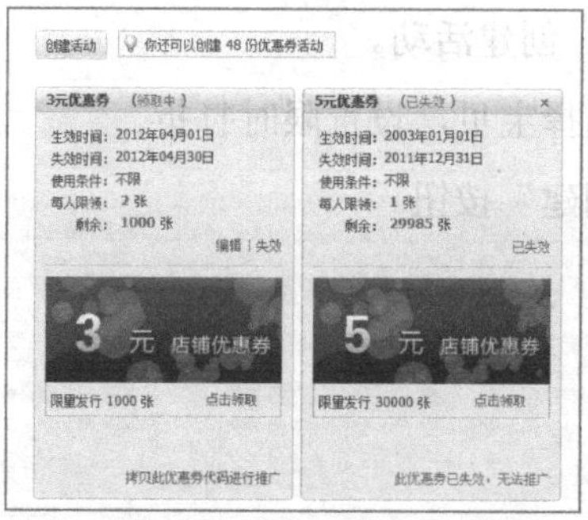


图5-8　店铺优惠券

## 四、实验分析和主要步骤

### （一）搭配套餐

1．进入“卖家中心”→“营销中心”→“促销管理”页面，选择“搭配套餐”。

2．按照顺序填写搭配套餐促销标题、价格和设置宝贝详情图片。

3．挑选适合用于搭配促销的商品，单击“添加搭配宝贝”按钮，最多可以添加5件宝贝。

4．设置搭配商品的显示名和促销价。

5．单击“保存”按钮，完成设置。

### （二）店铺优惠券

1．进入“卖家中心”→“营销中心”→“促销管理”页面，选择“店铺优惠券”。

2．创建活动，选择面额、生效时间、失效时间、总领用量、每人限领、使用条件，选择显示推广文案、是否公开领取以及优惠券颜色。

3．确认完成。

# 实验 5　淘宝活动类型



## 一、实验要求和目的

1．掌握淘宝活动的类型及展示位置。

2．掌握淘宝活动的报名入口。

3．尝试报名一个活动。

## 二、实验课时数

1 课时。

## 三、实验结果

如图 5-9 至图 5-13 所示。

图 5-9　淘宝活动类型

图 5-10　类目活动报名

图 5-11　店铺后台活动报名

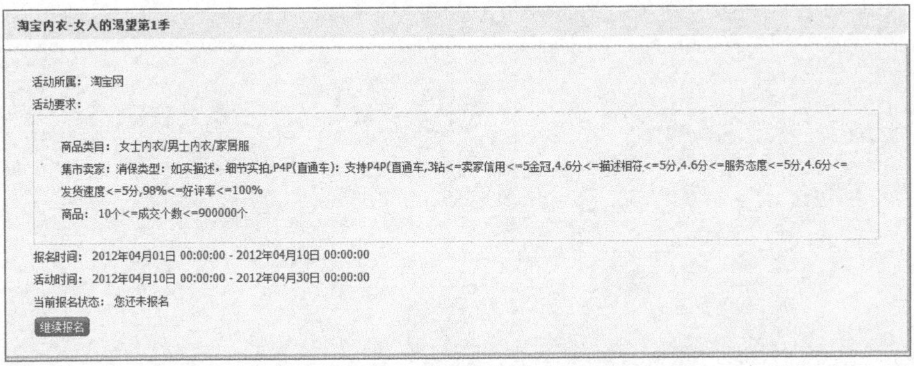


图 5-12　后台活动报名页面

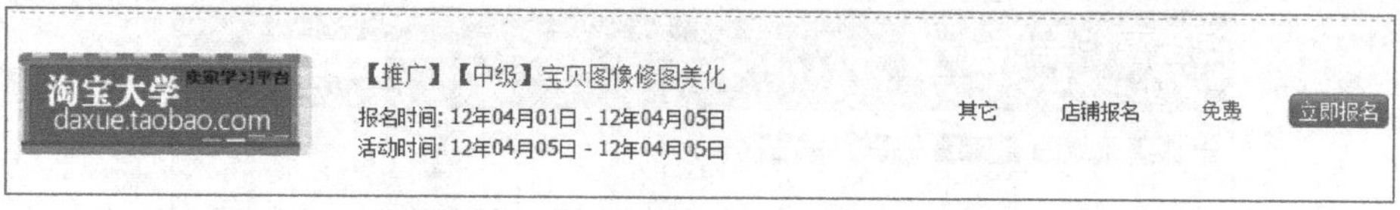


图 5-13 尝试报名淘宝大学免费课程

## 四、实验分析和主要步骤



1．通过 http://daohang.taobao.com 进入淘宝营销导航页面。

2．了解常规平台活动和类目活动。

3．进入“卖家中心”→“营销中心”→“活动报名”。

4．查看目前淘宝发布的可报名活动内容。

5．查找一个适合店铺的活动进行报名。

# 实验 6　设置直通车关键字

## 一、实验要求和目的

1．了解如何进入直通车后台。

2．掌握设置直通车关键字的方法。

## 二、实验课时数

1 课时。

## 三、实验结果

如图 5-14 所示。

图 5-14　关键字设置

## 四、实验分析和主要步骤

1．在进行直通车操作之前，我们首先要加入直通车。

2．进入“我的淘宝”，单击左侧边栏“我是卖家”下的“我要推广”选项，进入直通车后台。

3．在直通车后台上方或左侧栏中单击“推广新的宝贝”，进入宝贝选择页面。

4．在宝贝选择页面可以通过搜索栏直接搜索到要推广的宝贝或者通过浏览找到要推广的宝贝，单击“推广”按钮，进入“编辑推广内容”页面。

5．在“编辑推广内容”页面，编辑宝贝直通车展示标题，这里需要注意宝贝推广标题需要控制在20个汉字以内。



6．设置好标题后开始设置宝贝“关键字”。我们可以通过“系统推荐”、“相关词查询”、“正在使用的关键词”或者自己输入，来添加关键字，可以参考“相关度”、“搜索量”、“市场平均出价”来选择有利的、适合自己的关键字。

7．关键字添加成功后，选择“是否启用类目出价”，选择好后单击“下一步，默认出价”按钮，进入“默认出价”设置页面。

8．在“默认出价”页面设定默认出价，同时可以通过“预测”按钮来预测浏览量及花费金额。填写金额，单击“下一步，完成”按钮，关键字设置成功。宝贝参与竞价推广。

# 实验7 自然搜索

## 一、实验要求和目的

1．了解搜索排序的规则。

2．查找并分析人气排名的宝贝。

## 二、实验课时数

1课时。

## 三、实验结果

如图5-15所示。

图5-15 人气宝贝

## 四、实验分析和主要步骤

1．进入淘宝网首页 http://taobao.com。

2．准备 10 个不同类目的不同关键字。

3．在淘宝网搜索框中分别输入以上 10 个关键字。

4．搜集每个关键字排名前 3 位的人气宝贝，一共 30 个宝贝。

5．观察一下宝贝销量、收藏量、宝贝评分、宝贝评价。

# 实验 8 淘宝社区

## 一、实验要求和目的

1. 掌握淘宝社区的产品类型。
2. 了解各个产品的入口及进入方式。

## 二、实验课时数

1 课时。

## 三、实验结果

如图 5-16 所示。

图 5-16 淘宝社区

## 四、实验分析和主要步骤

1. 进入淘宝网站地图 http://www.taobao.com/sitemap.php。
2. 找到淘宝社区。
3. 分别在门户资讯、SNS 平台、购物交流这三个模块下单击每个产品，进入产品页面分别进行了解。

# 实验 9　寻找有推广价值的帮派

## 一、实验要求和目的

掌握寻找帮派的方法，并搜索一个有推广价值的帮派。

## 二、实验课时数

1 课时。

## 三、实验结果

如图 5-17 所示。

图 5-17　帮派

## 四、实验分析和主要步骤

1．将鼠标移动到淘宝首页右上方的“网站导航”，从中找到“社区”，单击“帮派”进入帮派聚合页面。

2．在帮派聚合页面上方的帮派分类中选择与自己行业相关的帮派类目，单击后进入帮派列表。

3．在帮派列表中选择人气旺、流量高且具有推广价值的帮派。

# 实验 10　哇哦分享

## 一、实验要求和目的

了解哇哦是什么，找到哇哦的入口并且了解分享的方法。

## 二、实验课时数

1 课时。

## 三、实验结果

如图 5-18 至图 5-21 所示。

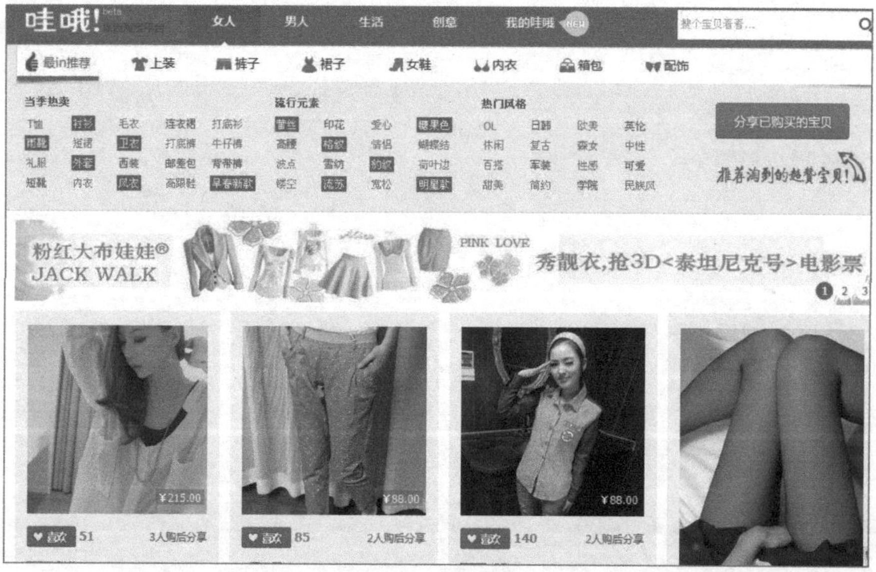

图 5-18　哇哦首页

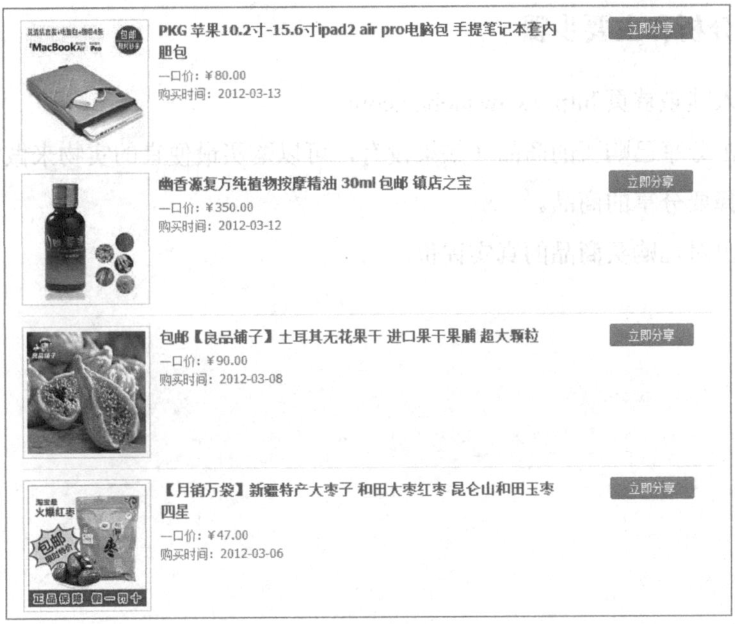


图 5-19 哇哦宝贝分享

图 5-20 给要分享的宝贝评价

图 5-21 哇哦分享成功

## 四、实验分析和主要步骤

1. 进入哇哦首页 http://wow.taobao.com。

2. 单击分享已购买的商品（如果没有，可以购买最便宜的实物来做测试）。

3. 选择要分享的商品。

4. 写出对已购买商品的真实评价。

# 实验 11　淘宝联盟

## 一、实验要求和目的

掌握淘宝联盟的入口及产品。

## 二、实验课时数

1 课时。

## 三、实验结果

如图 5-22 至图 5-26 所示。

图 5-22　淘宝联盟营销资源平台

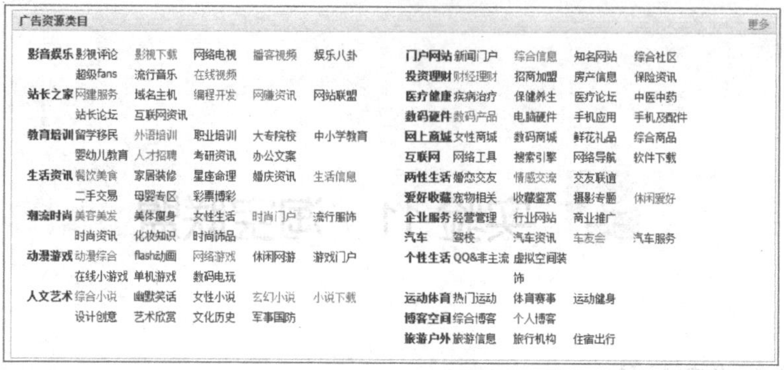


图 5-23　广告资源类目

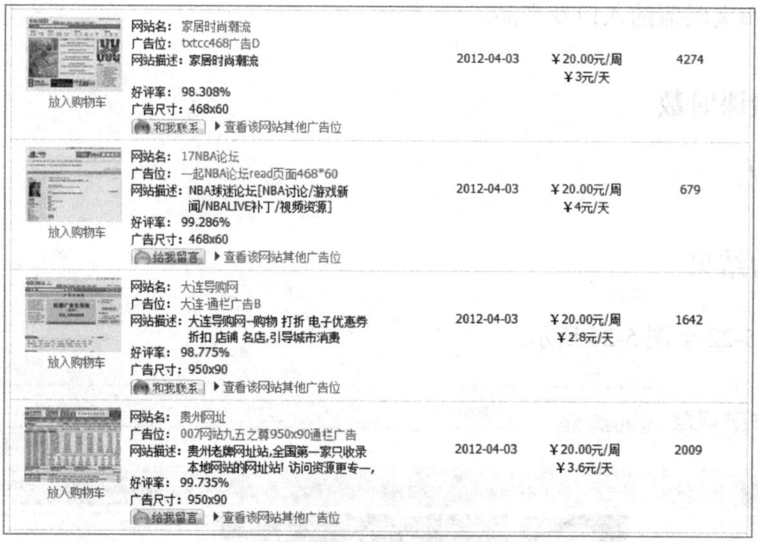
网站名：家居时尚潮流
广告位：txtcc468广告D
网站描述：家居时尚潮流
好评率：98.308%
广告尺寸：468x60
和我联系
查看该网站其他广告位
放入购物车
2012-04-03
￥20.00元/周
￥3元/天
4274
网站名：17NBA论坛
广告位：一起NBA论坛read页面468*60
网站描述：NBA球迷论坛[NBA讨论/游戏新闻/NBALIVE补丁/视频资源]
好评率：99.286%
广告尺寸：468x60
给我留言
查看该网站其他广告位
放入购物车
2012-04-03
￥20.00元/周
￥4元/天
679
网站名：大连导购网
广告位：大连-通栏广告B
网站描述：大连导购网-购物 打折 电子优惠券 折扣 店铺 名店,引导城市消费
好评率：98.775%
广告尺寸：950x90
和我联系
查看该网站其他广告位
放入购物车
2012-04-03
￥20.00元/周
￥2.8元/天
1642
网站名：贵州网址
广告位：007网站九五之尊950x90通栏广告
网站描述：贵州老牌网址站,全国第一家只收录本地网站的网址站! 访问资源更专一,
好评率：99.735%
广告尺寸：950x90
给我留言
查看该网站其他广告位
放入购物车
2012-04-03
￥20.00元/周
￥3.6元/天
2009

图 5-24　分类广告

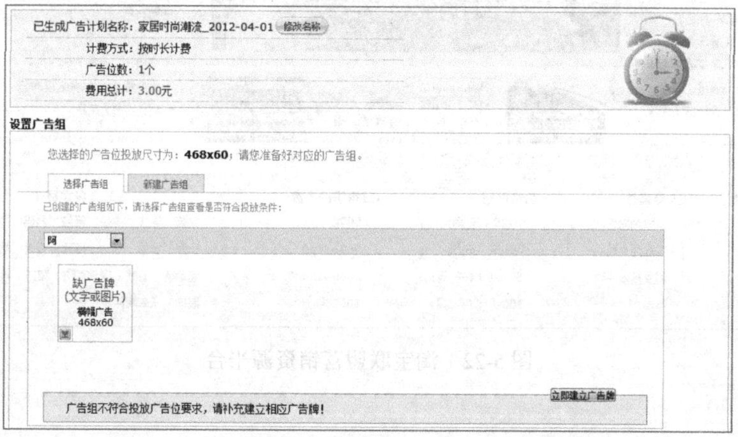


图 5-25　购买广告位页面 1

图 5-26　购买广告位页面 2

## 四、实验分析和主要步骤

1．登录淘宝联盟营销资源平台 http://a.alimama.com。

2．查找一个与店铺属性相符合的分类及网站广告位。

3．确定一个网站广告位并制作广告素材。

4．购买广告位。

# 实验 12　淘宝客

## 一、实验要求和目的

1．掌握设置淘宝客的方法。

2．成功设置淘宝客整店佣金，推荐一款产品。

## 二、实验课时数

1 课时。

## 三、实验结果

如图 5-27 至图 5-29 所示。

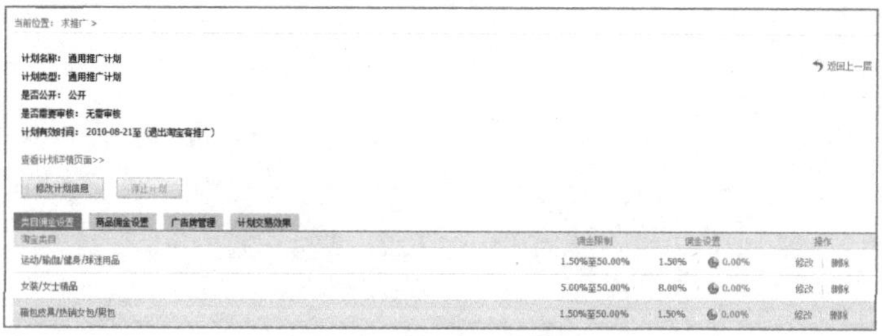

图 5-27　类目佣金设置

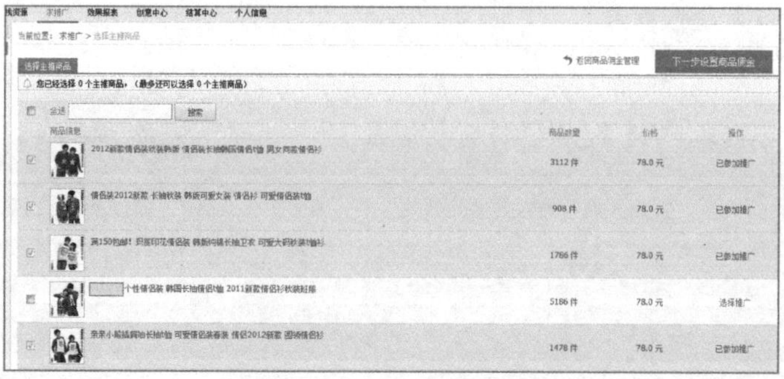

图 5-28　设置主推商品

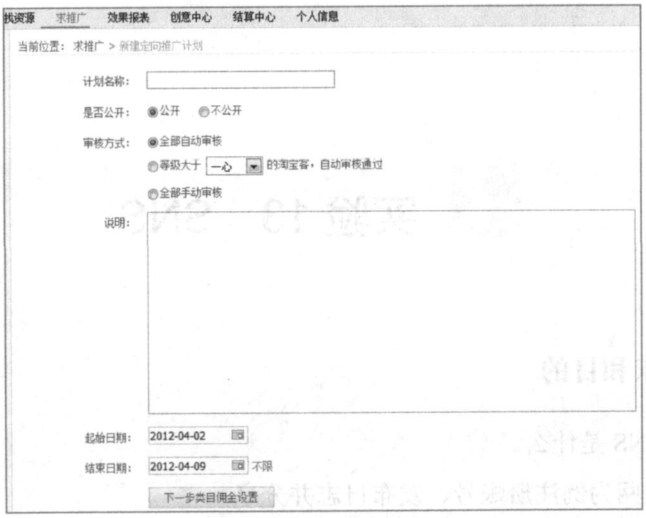


图 5-29　创建定向推广计划

## 四、实验分析和主要步骤

1．进入“卖家中心”→“营销中心”→“我要推广”→“淘宝客推广”。

2．进入淘宝联盟（广告主页面），单击“求推广”→“设置商品佣金”→“新建主推商品”→“选择商品”→“选择推广”。

3．设置推广商品的佣金比例后单击“设置完成”按钮，佣金设置成功。

# 实验 13　SNS



## 一、实验要求和目的

1. 了解 SNS 是什么。
2. 以人人网为例注册账号、发布日志并分享。

## 二、实验课时数

1 课时。

## 三、实验结果

如图 5-30、图 5-31 所示。

图 5-30　人人网日志发布

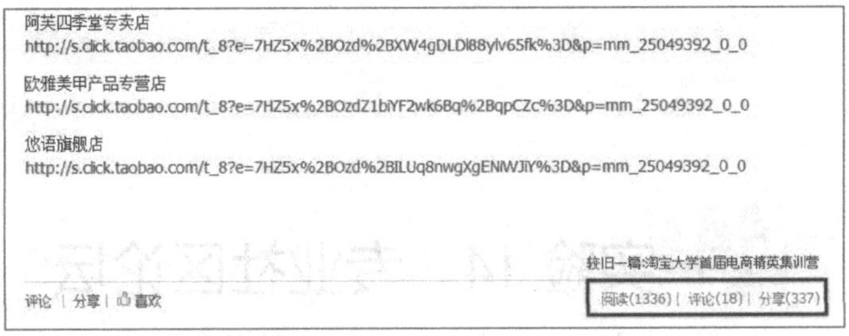
阿芙四季堂专卖店
http://s.click.taobao.com/t_8?e=7HZ5x%2BOzd%2BXW4gDLDl88ylv65fk%3D&p=mm_25049392_0_0
欧雅美甲产品专营店
http://s.click.taobao.com/t_8?e=7HZ5x%2BOzdZ1biYF2wk6Bq%2BqpCZc%3D&p=mm_25049392_0_0
悠语旗舰店
http://s.click.taobao.com/t_8?e=7HZ5x%2BOzd%2BILUq8nwgXgENlWJiY%3D&p=mm_25049392_0_0
较旧一篇:淘宝大学首届电商精英集训营
评论 | 分享 | 喜欢
阅读(1336) | 评论(18) | 分享(337)

图 5-31　人人网日志发布（续）

## 四、实验分析和主要步骤

1．进入人人网首页 www.renren.com。

2．申请账号。

3．设置账号。

4．写日志并发布。

5．评论及分享。

# 实验 14　专业社区论坛



## 一、实验要求和目的

搜索相关论坛，掌握论坛发帖的方法，成功发布一个帖子。

## 二、实验课时数

1 课时。

## 三、实验结果

如图 5-32 所示。

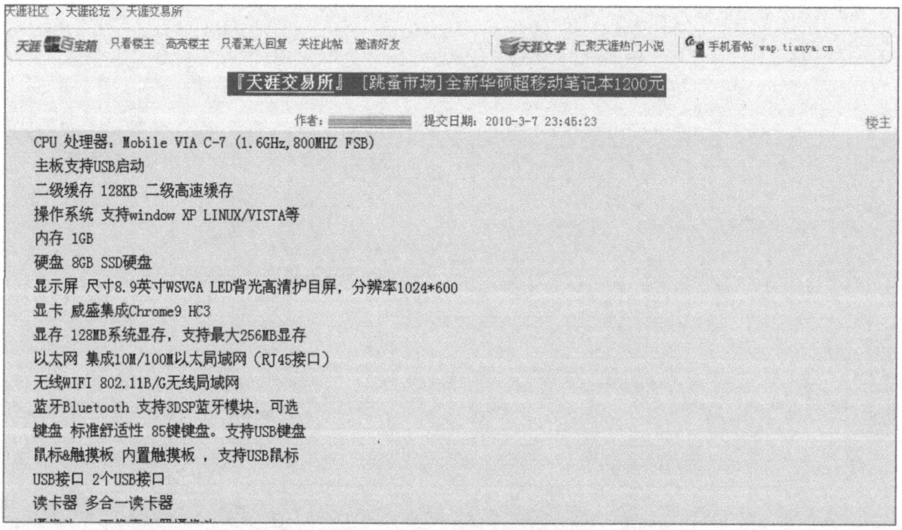
天涯社区 > 天涯论坛 > 天涯交易所

天涯宝精 只看楼主 高亮楼主 只看某人回复 关注此帖 邀请好友 天涯文学 汇聚天涯热门小说 手机看帖 wap.tianya.cn

『天涯交易所』 [跳蚤市场]全新华硕超移动笔记本1200元

作者：[redacted] 提交日期：2010-3-7 23:45:23 楼主

CPU 处理器：Mobile VIA C-7 (1.6GHz,800MHZ FSB)
主板支持USB启动
二级缓存 128KB 二级高速缓存
操作系统 支持window XP LINUX/VISTA等
内存 1GB
硬盘 8GB SSD硬盘
显示屏 尺寸8.9英寸WSVGA LED背光高清护目屏，分辨率1024*600
显卡 威盛集成Chrome9 HC3
显存 128MB系统显存，支持最大256MB显存
以太网 集成10M/100M以太局域网（RJ45接口）
无线WIFI 802.11B/G无线局域网
蓝牙Bluetooth 支持3DSP蓝牙模块，可选
键盘 标准舒适性 85键键盘。支持USB键盘
鼠标&触摸板 内置触摸板 ，支持USB鼠标
USB接口 2个USB接口
读卡器 多合一读卡器

图 5-32　论坛发帖

## 四、实验分析和主要步骤

1．多去几家知名论坛，对比找到适合自己的论坛及相应板块。

2．注册论坛会员，取得发帖权利。

3．注意这个板块有没有什么特别的发帖格式及发帖要求，同一个论坛中各个板块的发帖格式也可能不同。

4．在天涯论坛“天涯网事”下的“天涯交易所”中进行发帖。

5．进入相应模块后，单击“发帖”按钮，进入帖子编辑页面，如图 5-33 所示。

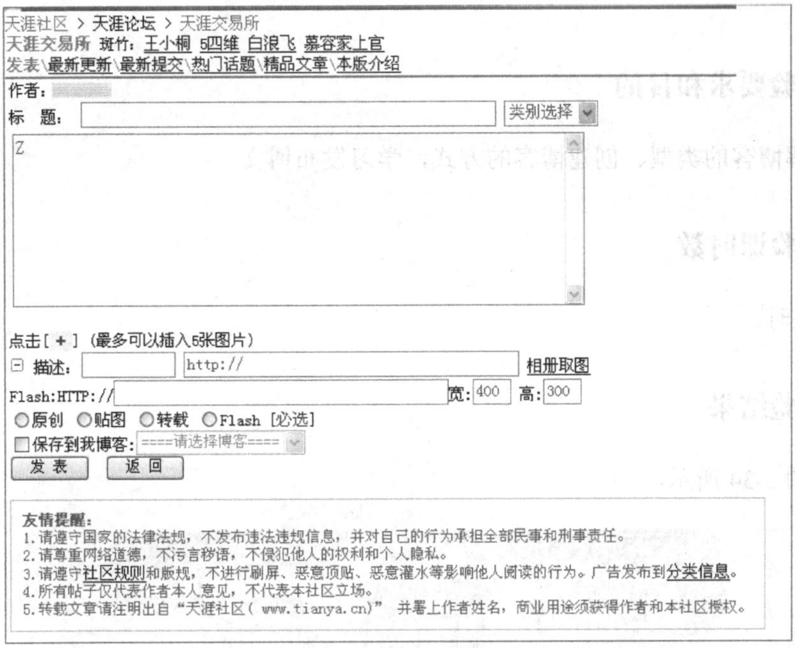


图 5-33 编辑帖子

6．在帖子编辑页面完善帖子内容，标题可以加上一些比较醒目的符号，让大家更容易注意到这些帖子，帖子中也可以加入插图。帖子编辑完毕，单击“发表”按钮，帖子发布成功。

7．帖子发布成功后，我们也要经常回来跟大家以回帖的形式多做交流，多顶帖子，增加帖子的人气。

8．通过观察帖子的流量和数据分析来判断帖子带来的效果，多次反复尝试，最终找到最适合的发帖内容及论坛板块。

# 实验 15　博客

## 一、实验要求和目的

了解博客的类型、创建博客的方式，学习发布博文。

## 二、实验课时数

1 课时。

## 三、实验结果

如图 5-34 所示。

图 5-34　博客

## 四、实验分析和主要步骤

1．登录新浪博客或者网易博客、百度空间。

2．申请博客账号。

3．上传头像及填写个人信息。

4．发布一篇博文。

5．到各平台博客首页查找被推荐的博文并进行评论。

# 实验 16　微博



## 一、实验要求和目的

了解微博的类型、创建微博的方式，学习发布微博。

## 二、实验课时数

1 课时。

## 三、实验结果

如图 5-35、图 5-36 所示。

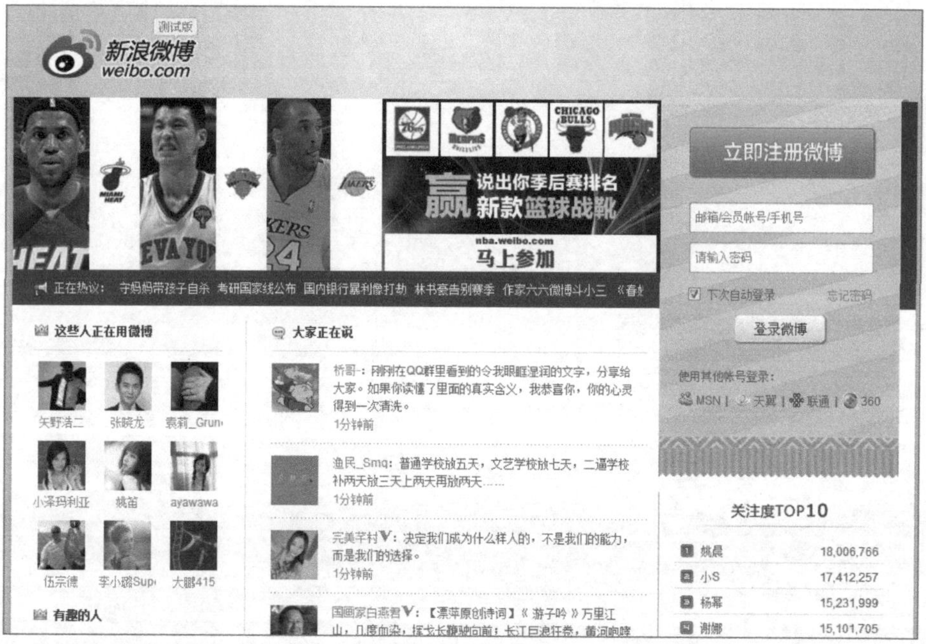


图 5-35　新浪微博

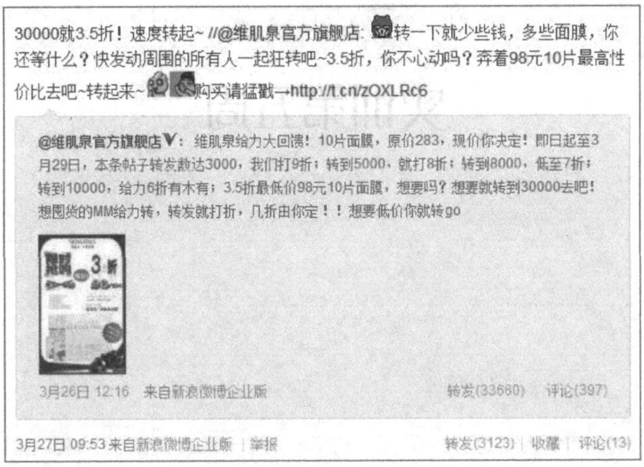


图 5-36　微博活动

## 四、实验分析和主要步骤

1．登录新浪微博或者腾讯微博。

2．申请微博账号。

3．上传头像及填写个人信息。

4．发布一篇微博。

5．对一条微博进行转发、收藏、评论。

# 实训第五周

**笔记：**

**总结：**

# 习题六

（教材《电商运营》第8章“物流与配送”习题）

# 实验 1　编写货号



## 一、实验要求和目的

掌握“属性+序号”的命名方法，登记、录入商品基本信息，学习分门别类管理货物的方法。

## 二、实验课时数

1 课时。

## 三、实验结果

如图 6-1 所示。

| 编号 | 图片 | 品名 | 货号 | 款式 | 尺码 | 颜色 | 数量 | 参考单价 | 面料 | 备注 |
|---|---|---|---|---|---|---|---|---|---|---|
| 1 |  | 男士深蓝色领带 | LD00001 | 格纹领带 | —— | 深蓝色 | 50 | ￥68 | 真丝 | 加宽 |
| 2 |  | 男士紫条纹领带 | LD00002 | 条纹领带 | —— | 紫色条纹 | 80 | ￥68 | 南韩丝 | 无 |
| 3 | 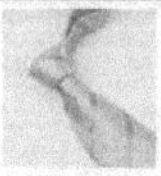 | 男士领带礼盒 | LD00003 | 领带礼盒 | —— | 天蓝条纹 | 34 | ￥88 | 真丝 | 礼盒，包含袖扣及方巾 |

图 6-1　库存统计

## 四、实验分析和主要步骤

1. 按库存商品属性区分一下类别，如外套、卫衣、领带、皮带、腰带、衬衫、西装；款式、尺码、颜色、参考单价、面料等。

2. 把每一类别的名称，写出对应的汉语拼音，确定商品属性的缩写字母，如卫衣可以缩写成 WY 或 W。

3．将所有产品编写序列号，每一类的数字编号可以是两位数、三位数或者四位数，视该类商品的数量而定，但也要有发展的眼光，因为商品款式可能会越来越多，要留有发展的余地。

4．产品编写完成，利用 Excel 以“序号+图片+名称+货号”的格式进行汇总。

# 实验 2　货物打包



## 一、实验要求和目的

学会根据货物的特点选择合适的包装并打包。

## 二、实验课时数

1 课时。

## 三、实验结果

如图 6-2 所示。

图 6-2　货物打包

## 四、实验分析和主要步骤

1．将货物进行分类，判断不同的货物可以用什么样的包装。

2．将商品放入纸箱，在商品和纸箱内壁的四周应该预留 3 厘米左右的缓冲空间，并用填充物将商品固定好，以达到隔离和防震的目的。

3．用填充物塞满商品和纸箱之间的空隙，使纸箱的任何一个角度都能经得起外力的冲撞。

4．将纸箱的所有边缝用封箱胶带密封好，这样既可以防止商品泄漏和液体浸入，还可以起到一定的防盗作用。

5. 在纸箱封口处贴上 1～2 张防盗封条，这样可以起到一定的警示和震慑作用，有效地防止内件丢失，防盗封条可以自己制作，也可以在淘宝上购买。

# 实验 3　设置运费模板

## 一、实验要求和目的

1. 学会设置运费模板。
2. 将设置好的运费模板应用到宝贝上。

## 二、实验课时数

1 课时。

## 三、实验结果

如图 6-3、图 6-4 所示。

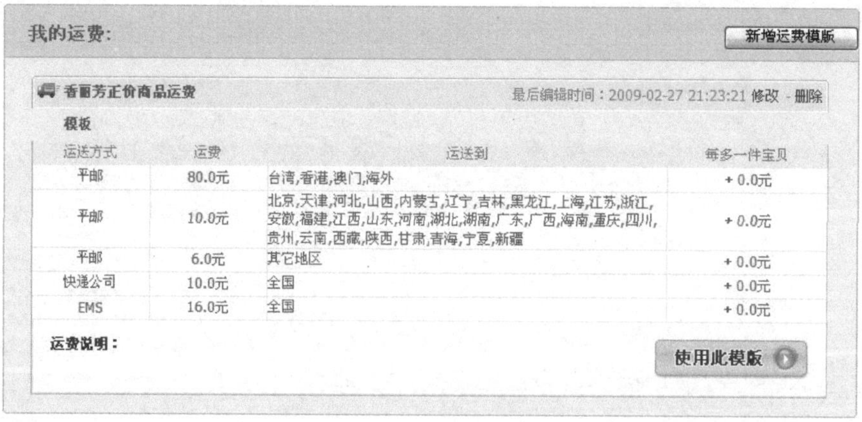


图 6-3　设置运费模板

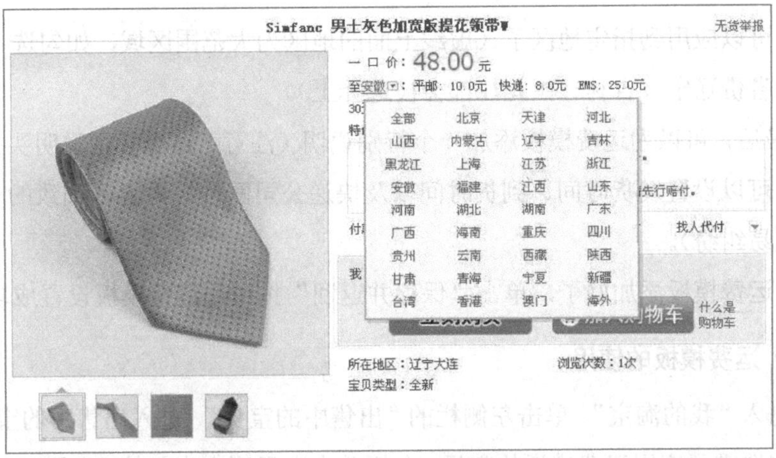


图 6-4　宝贝应用运费模板

## 四、实验分析和主要步骤

### （一）运费模板的建立

1．进入“我的淘宝”卖家中心，在左侧栏中单击“我是卖家”下的“发货管理”，进入发货管理页面。

2．在“发货管理”页面左侧单击“发货设置”，进入发货设置页面。

3．单击“运费模板”之后，单击下面的“运费模板”按钮，进入运费模板创建页面，单击“新增运费模板”按钮。

4．进入填写页面，输入运费模板名称，注意名称为必填项，同时字数不超过25个字。

5．在“请选择并填加运费方式”下选择商品支持的运送方式。目前淘宝提供了3种运送方式：平邮、快递公司、EMS。只要选择你支持的运送方式就可以了。例如，我的衣服是支持平邮和快递公司这两种，就勾选这两个选项前的复选框，这两项随之展开。

6．为你选择的运送方式设置具体的运费。

7．设置默认运费。除了特别指定地区的运费之外都将使用这个运费；“每超过一件需要增加运费”指的是如果卖家购买了两件商品，第一件商品按照默认运费收取，另一件商品的运费则是你设置的这个运费，也可以不设置这个值，表示每多一件商品仍按照默认运费收取。

8．设置指定地区的运费。单击“为指定地区设置运费”，会自动弹出一个包含地区信息的提示框。只需要在此勾选指定的地区，单击左下角的“确定”按钮，这样运费就可以应用到指定地区了（虚线上面的地区为大范围区域，如勾选“东北”，虚线下的省份辽宁、吉林、黑龙江都会被选择上）。

9. 最后，可以为运费模板添加一个特别说明（注意：这个特别说明买家是可以看到的，可以设置发货时间、到货时间以及快递公司网址等内容，细致的说明有助于减少交易纠纷）。

10. 运费模板添加好了，单击“保存并返回”按钮，运费模板设置成功。



**（二）运费模板的使用**

1. 进入“我的淘宝”，单击左侧栏的“出售中的宝贝”，进入出售中的宝贝页面。

2. 勾选需要应用运费模板的宝贝，之后单击宝贝列表底部的“设置运费”选项，进入运费模板页面。

3. 在运费模板页面选择需要的模板，单击“使用此模板”，进入设置成功页面，单击“关闭”按钮返回，宝贝应用运费模板成功。

# 实验4　在线下单、运费计算、货物跟踪

## 一、实验要求和目的

1．掌握在线下单的操作方法。

2．掌握运费计算方法，学会运费/时效查看器的操作方法。

3．掌握货物跟踪方法。

## 二、实验课时数

1课时。

## 三、实验结果

如图6-5至图6-7所示。

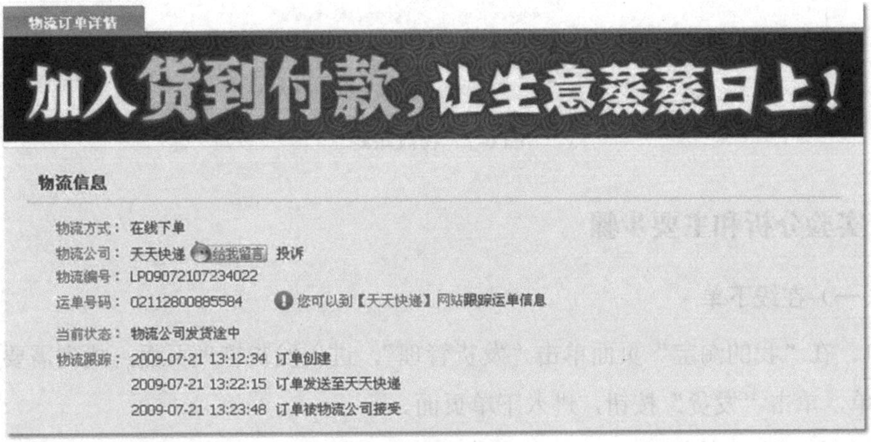


图6-5　在线下单

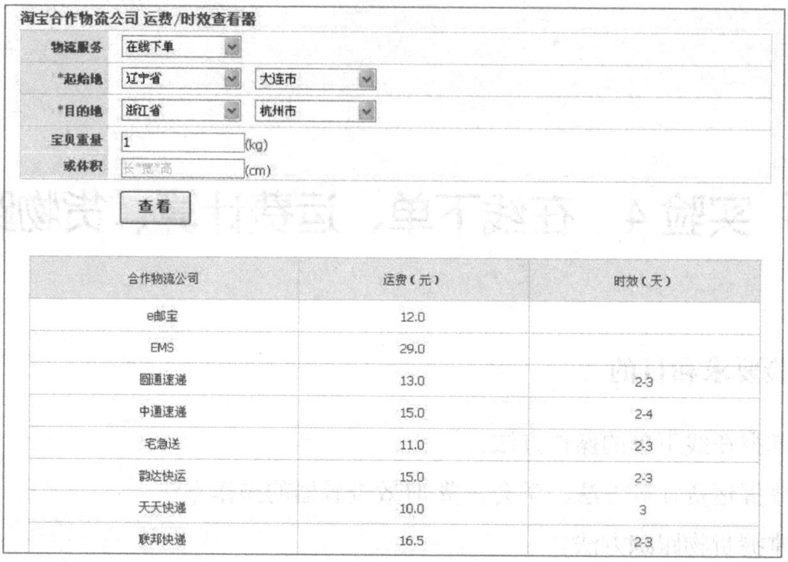


图 6-6　运费/时效查看器

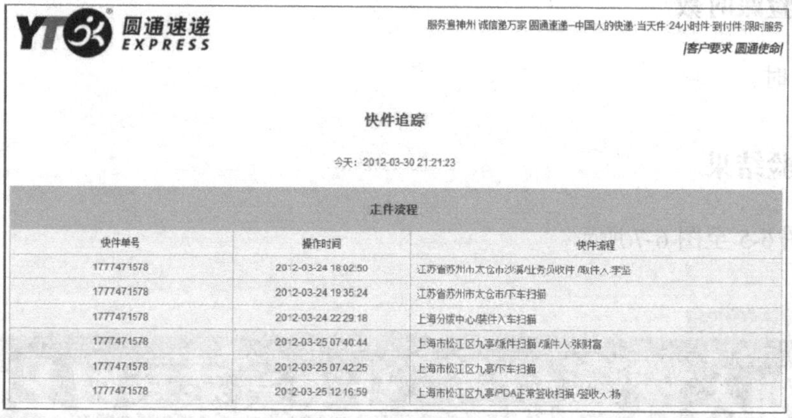


图 6-7　物流跟踪

## 四、实验分析和主要步骤

### （一）在线下单

1．在“我的淘宝”页面单击“发货管理”，进入发货管理页面，找到需要发货的订单，单击“发货”按钮，进入下单页面。

2．在下单页面确认自己的取货地址以及顾客的收货地址，确认无误后，在“第三步 选择物流服务”下面，选择“在线下单”。

3．进入“在线下单”页面，填写取货时间等信息，同时也可以通过“计算运费”来计算不同快递的费用。

4．在相应的物流公司后单击“选择”按钮，选择“在线发送订单”，确认后等待物流公司上门取货。如果有了快递单且填写了正确的运单号后，交易状态就会变为“卖家已发货”。如果下单时没有运单号，也可以在物流公司取件后再填写运单号。

5．确认后，订单在线发送成功。我们也可以尝试批量发送操作，即一次发送多个宝贝。



**（二）运费/时效查看器**

1．单击“我的淘宝”→“我是卖家”栏下的“发货管理”，进入发货管理页面。

2．在发货管理页面，单击“运费/时效查看器”，进入查询页面。

3．填写货物信息，单击“查看”按钮，系统会自动列出所有能到达该目的地的推荐物流，以及他们所需的运费及到货周期。

**（三）物流跟踪**

1．找到需要查询的货物订单，单击“详情”选项。

2．在详情页面，选择“收货和物流信息”。

3．单击“查看物流信息”进行货物跟踪查询。

# 实训第六周

**笔记：**

**总结：**

# 习 题 七

（教材《电商运营》第 9 章“天猫”习题）

# 实验 1　天猫店铺的商品发布

## 一、实验要求和目的

1．在天猫店铺成功发布一件商品，掌握天猫商品发布技巧。

2．区分产品发布及商品发布。

## 二、实验课时数

1 课时。

## 三、实验结果

如图 7-1 所示。

图 7-1　商品发布

## 四、实验分析和主要步骤

1．进入“卖家中心”，在“卖家中心”左侧的“宝贝管理”中单击“我要卖”，进入产品发布页面。

2．天猫店的商品发布与集市店不同，需要我们先搜索到产品模板或者发布新的产品模板。选择要发布产品的产品类目，之后发布产品，尝试以下两种方式。

（1）“搜索模板”直接修改后发布。

（2）通过“上传新产品”上传新的产品。

3．根据提示，详细填写产品信息，带红色“*”标志的为必填选项，其他选项可做选填，但为了让顾客能够更容易找到我们的产品，尽量将产品信息填写完整。填写完毕，单击“发布”按钮，产品发布成功。

4．进入产品发布成功页面，单击“发布商品”进行商品发布。

5．填写商品信息，其中某些商品的属性为产品发布时的固定属性，不可做修改，将所有信息填写完毕后，可以“预览”商品或者直接单击“发布”按钮，进入商品发布成功页面。

6．单击“查看”按钮，查看宝贝详情。

# 实验 2　设置限时打折促销

## 一、实验要求和目的

1. 成功创建一次限时打折活动，掌握限时打折促销活动的设置方法。
2. 掌握限时打折的注意事项。

## 二、实验课时数

1 课时。

## 三、实验结果

如图 7-2 所示。

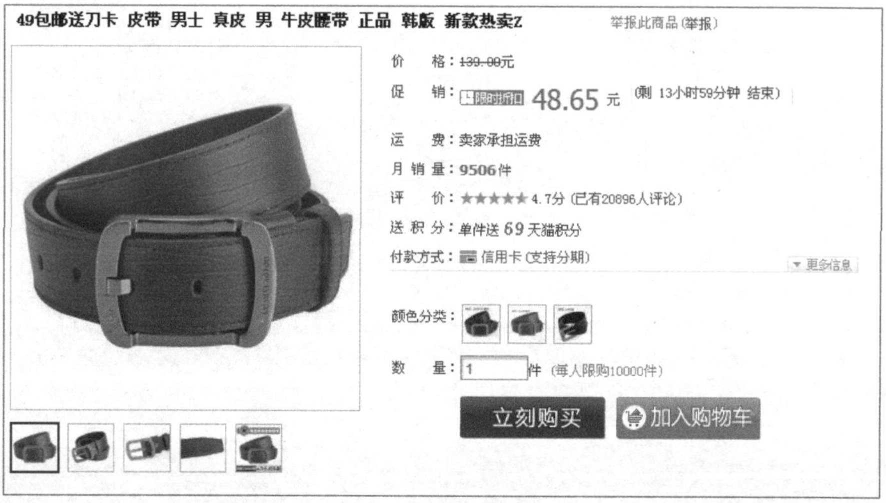


图 7-2　限时打折

## 四、实验分析和主要步骤

1. 进入“卖家中心”，单击左侧边栏“我是卖家”下的“营销中心”。

2. 进入“营销中心”页面，单击“促销管理”，选择“限时打折”，进入限时打折设置页面。

3. 在限时打折页面可以看到“本月剩余时长”注意事项提示，我们设置的活动，单次时间不能超过240小时。

4. 单击“创建活动”进入活动创建页面。

5. 活动的创建主要分为三个步骤，需要按照以下步骤依次进行。

（1）根据活动力度及需要填写活动时间，即活动开始时间与活动结束时间。填写完毕后单击“确定”按钮进入第二步。

（2）选择要参加活动的宝贝。

（3）设置宝贝的打折力度，同一活动内的宝贝打折力度可以不同。单击“确定”按钮，活动创建成功。

6. 找到已经参加活动的宝贝，打开查看。

# 实验 3　通过量子恒道店铺经查看数据

## 一、实验要求和目的

1. 掌握量子恒道店铺经的基本操作。

2. 使用量子恒道店铺经查看店铺的基本数据。

## 二、实验课时数

1 课时。

## 三、实验结果

如图 7-3 所示。

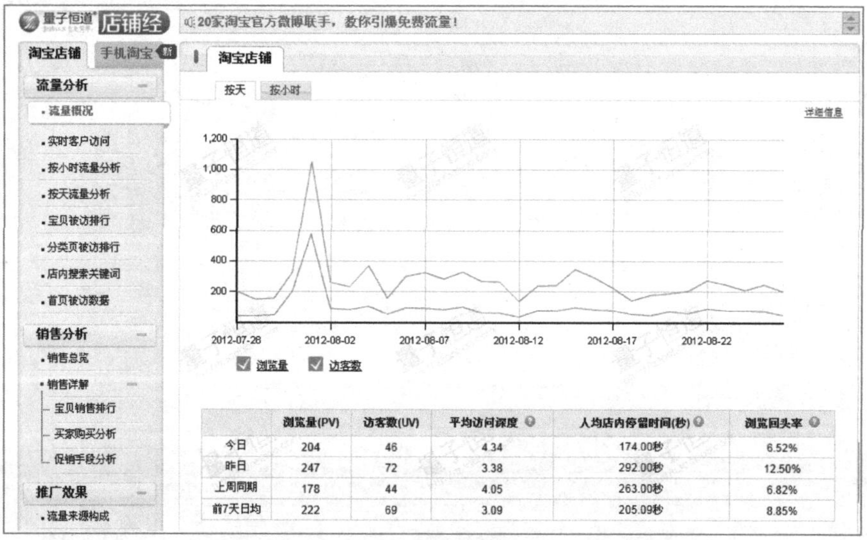


图 7-3　量子恒道店铺经

## 四、实验分析和主要步骤

1. 进入“卖家中心”，单击左侧边栏“营销中心”下的“数据分析”。

2. 进入“数据分析”页面，单击“量子恒道店铺经”，进入量子恒道查询页面。

3. 分别单击页面左侧的每一个选项，查询并熟悉店铺的各项流量数据。

# 实训第七周

**笔记：**

**总结：**

# 习题八

（教材《电商运营》第10章“阿里巴巴国际站”习题）

# 实验1　产品发布



## 一、实验要求和目的

1．在国际站成功发布一件产品，掌握产品发布的基本要素。

2．了解产品类目的不同选取方式。

## 二、实验课时数

1 课时。

## 三、实验结果

如图 8-1 所示。

## 四、实验分析和主要步骤

1．先进入发布产品界面，有以下两种方法。

方法一：登录 My Alibaba 首页，单击“发布产品”按钮。

方法二：单击导航栏中的“我要销售”，然后单击左侧任务栏中的“发布产品”按钮，进入“发布产品”界面。

2．选择合适的类目，根据类目的不同产品属性也会有所不同。

（1）通过类目筛选的方式选择自己产品所适合的类目。

（2）输入发布产品的关键词（也可填写产品名称），单击“搜索”按钮后，下面系统将会推荐类目，可在其中选择合适的类目。

（3）如之前发布过产品，也可以快捷选择之前发布产品时经常使用的类目。

3．根据提示，详细填写产品信息，带红色“*”标志的为必填选项，其他选项可做选填，但为了让顾客能够更容易找到我们的产品，尽量将产品信息填写完整。

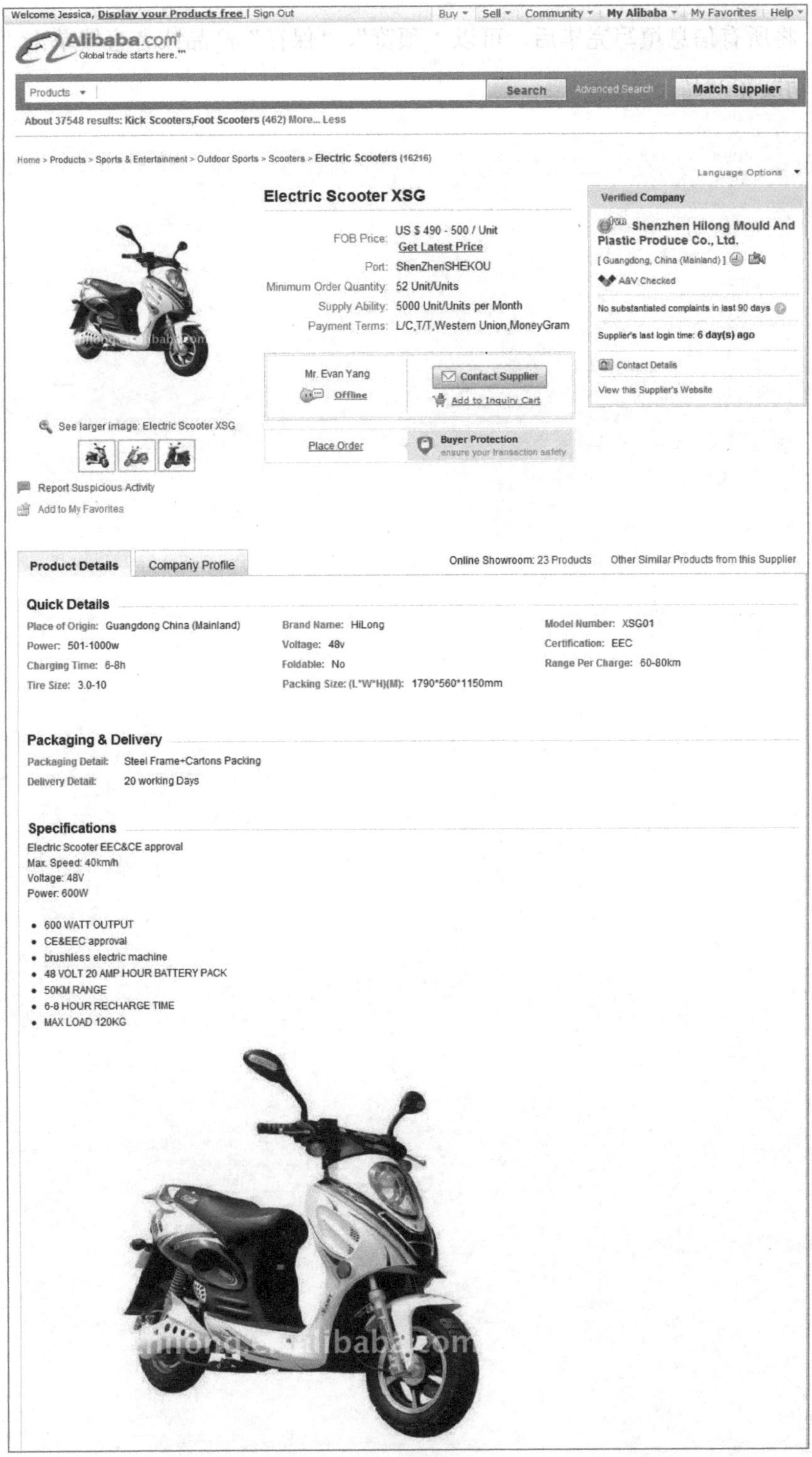
Welcome Jessica, Display your Products free | Sign Out
Buy Sell Community My Alibaba My Favorites Help
Alibaba.com
Global trade starts here.
Products
Search
Advanced Search
Match Supplier
About 37548 results: Kick Scooters,Foot Scooters (462) More... Less
Home > Products > Sports & Entertainment > Outdoor Sports > Scooters > Electric Scooters (16216)
Language Options
Electric Scooter XSG
FOB Price: US $ 490 - 500 / Unit
Get Latest Price
Port: ShenZhenSHEKOU
Minimum Order Quantity: 52 Unit/Units
Supply Ability: 5000 Unit/Units per Month
Payment Terms: L/C,T/T,Western Union,MoneyGram
Mr. Evan Yang
Offline
Contact Supplier
Add to Inquiry Cart
Place Order
Buyer Protection
ensure your transaction safety
Verified Company
Shenzhen Hilong Mould And Plastic Produce Co., Ltd.
[ Guangdong, China (Mainland) ]
A&V Checked
No substantiated complaints in last 90 days
Supplier's last login time: 6 day(s) ago
Contact Details
View this Supplier's Website
See larger image: Electric Scooter XSG
Report Suspicious Activity
Add to My Favorites
Product Details
Company Profile
Online Showroom: 23 Products
Other Similar Products from this Supplier
Quick Details
Place of Origin: Guangdong China (Mainland)
Brand Name: HiLong
Model Number: XSG01
Power: 501-1000w
Voltage: 48v
Certification: EEC
Charging Time: 6-8h
Foldable: No
Range Per Charge: 60-80km
Tire Size: 3.0-10
Packing Size: (L*W*H)(M): 1790*560*1150mm
Packaging & Delivery
Packaging Detail: Steel Frame+Cartons Packing
Delivery Detail: 20 working Days
Specifications
Electric Scooter EEC&CE approval
Max. Speed: 40km/h
Voltage: 48V
Power: 600W
600 WATT OUTPUT
CE&EEC approval
brushless electric machine
48 VOLT 20 AMP HOUR BATTERY PACK
50KM RANGE
6-8 HOUR RECHARGE TIME
MAX LOAD 120KG

图 8-1　产品发布

4. 将所有信息填写完毕后，可以“预览”、“保存”产品或者直接单击“发布”按钮成功发布产品。

# 实验 2　网站建设

## 一、实验要求和目的

通过使用网站设计模板以及上传企业 Banner，让企业网站更加个性化。

## 二、实验课时数

0.5 课时。

## 三、实验结果

如图 8-2 所示。

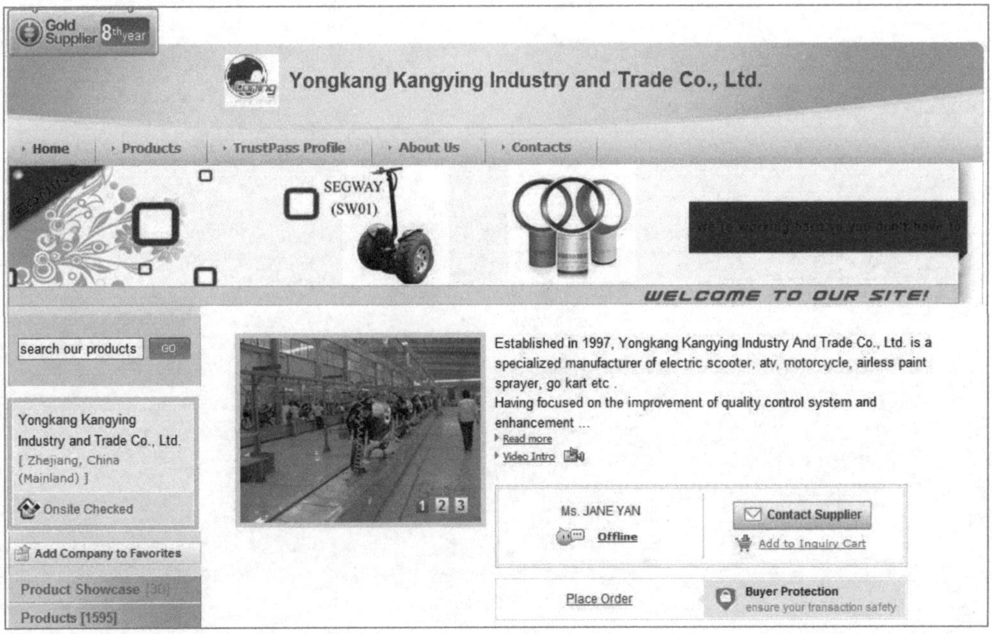


图 8-2　网站设计

## 四、实验分析和主要步骤

1．单击导航栏中“账号设置”下的“网站设计”按钮，可在系统提供的 21 个模板中进行选择。

2．选择好模板后，每个模板下面有 5 个系统 Banner。

3．可以在下载的 Banner 标准源文件的基础上进行图片的修改，但需要注意每个模板的 Banner 尺寸要求都不同。从“我的电脑”上传的 Banner 图片都需要 24 小时审核，只有审核通过后才会同步到网站上显示。

# 实验 3 公司栏目

## 一、实验要求和目的

每个企业网站都可以自主添加栏目，通过栏目可以上传更多企业信息内容。

## 二、实验课时数

0.5 课时。

## 三、实验结果

如图 8-3 所示。

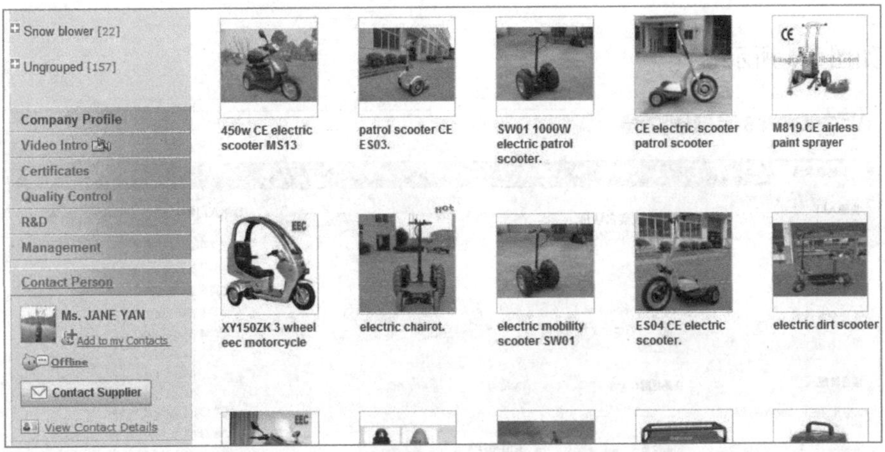


图 8-3　公司栏目

## 四、实验分析和主要步骤

1. 在 My Alibaba 的“账号设置”中，单击左侧的“栏目”。
2. 进入后将会有 5 个固定栏目和 3 个自定义栏目可以选择。
3. 尝试创建至少 2 个栏目，并且每个栏目添加 3 个以上子栏目。

# 实验 4　速卖通注册和实名认证



## 一、实验要求和目的

1．注册速卖通，取得速卖通普通卖家身份。

2．根据不同的注册方式，进行实名认证操作。

3．通过实名认证后，才可以发布产品。

## 二、实验课时数

0.5 课时。

## 三、实验结果

如图 8-4 所示。

图 8-4　注册速卖通和实名认证

## 四、实验分析和主要步骤

### （一）注册速卖通会员

1. 打开速卖通首页，单击页面右上角的“买家入口”→“免费开店”，或单击左边的“Join Free”，如图 8-5 所示。

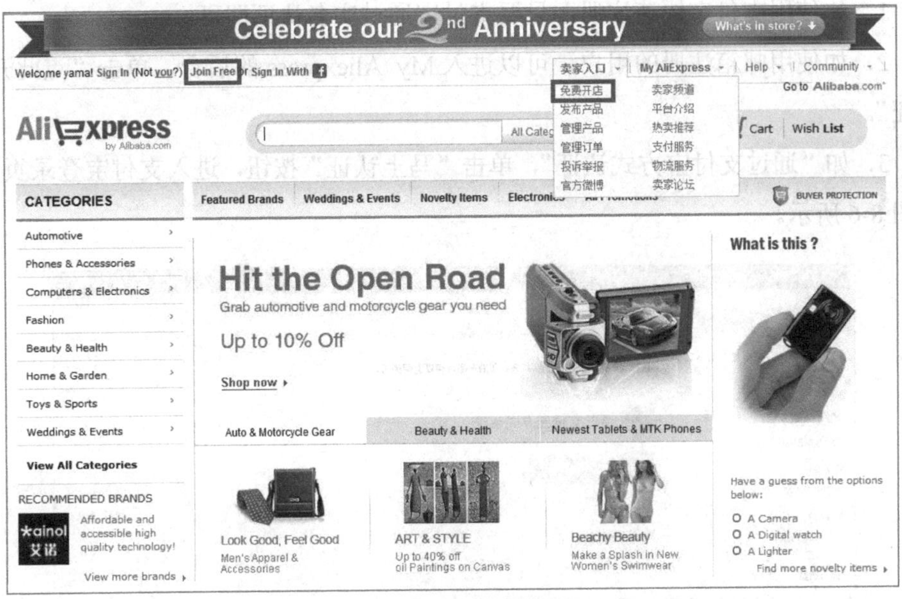


图 8-5　注册速卖通会员

2. 进入注册页面，可以使用“邮箱注册”或“支付宝快速注册”两种方式。如使用支付宝快速注册，将不需要再进行实名认证和设置人民币账户，直接绑定支付宝实名认证和账户信息。

3. 填写电子邮箱，在此请输入自己常用的邮箱，方便日后找回密码，如果还没有电子邮箱，则需要预先进行注册，推荐使用雅虎和网易的邮箱。

4. 填写登录密码，密码由 6～16 个字符组成，请使用数字加字母或符号的组合密码，出于安全的考虑，不要单独使用数字、字母或符号来作为密码。

5. 确认密码，并输入验证码，勾选“用该邮箱创建支付宝账户”复选框，如果注册成功，则本次注册时所填写的电子邮箱将成为该会员名绑定的支付宝账户。

6. 填写手机号码，需要当场进行验证码的收取。

7. 填写验证码，只有验证码正确才可注册账户。

8. 填写更多附加信息，包括中文姓名、所在地区、所在行业以及之前的在线经验等。

9．单击“创建我的账户”按钮，提交注册。

10．登录电子邮箱，找到速卖通发送的注册激活信，单击相应的提示进行激活，注册即告成功。

**（二）实名认证**

1．如使用支付宝快速注册，只要支付宝通过实名认证即可。

2．如使用邮箱注册的用户，可以进入 My Aliexpress 的后台，单击“点此开始认证”。

3．如“通过支付宝方式认证”，单击“马上认证”按钮，进入支付宝登录页面，如图 8-6 所示。

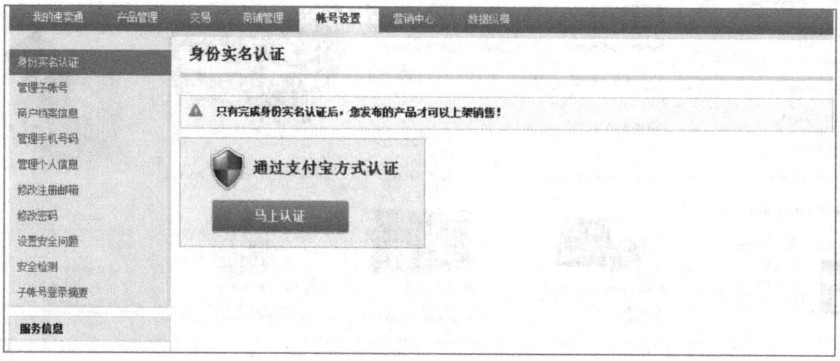


图 8-6　支付宝方式认证

4．如果已通过支付宝实名认证，直接单击“提交认证”按钮即可，如果支付宝未通过实名认证请看（三）的操作。如图 8-7 所示。

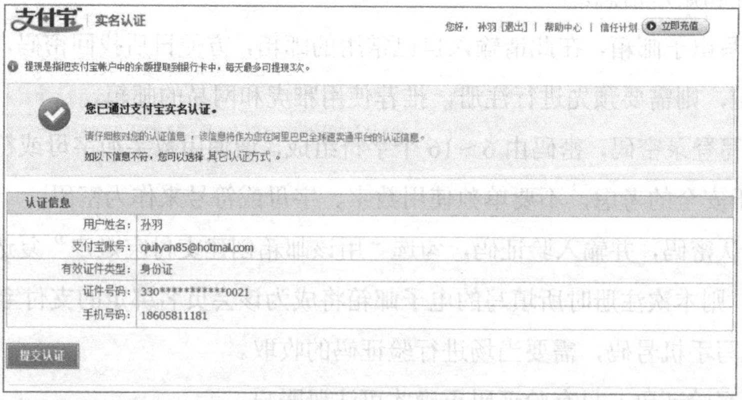


图 8-7　提交认证

**（三）申请支付宝认证**

1．查看填写的银行账户里支付宝公司打入的金额数（一元以下），此金额即为认证的验证码。

2．登录支付宝账户，进入“我的支付宝”，单击“申请认证”按钮。

3．输入收到的准确金额，单击“确定”按钮继续完成确认，两次输入失败后则需要重新提交银行账户进行审核。

4．输入的金额正确后，系统即时审核填写的身份信息，两秒后，即通过支付宝实名认证，获得认证标识。

# 实验5　速卖通产品发布



## 一、实验要求和目的

1．在速卖通成功发布一件产品，掌握产品发布的基本要素。

2．通过发布产品了解和国际站产品的具体不同点，以及产品运费和包装信息的设置。

## 二、实验课时数

1课时。

## 三、实验结果

如图8-8所示。

## 四、实验分析和主要步骤

1．进入My Aliexpress首页，单击左边栏目中的“发布产品”。

2．如未建立过运费模板，会要求先建立运费模板。可选择不同模式类型进行创建，如免运费、标准运费减免以及自定义运费。针对不同快递公司尝试3种模式都设置一下。

3．根据提示内容，填写好所有产品信息，并根据填写内容总结出与国际站不同的栏目。

4．将所有信息填写完毕后，可以“预览”产品或者直接单击“发布”按钮成功发布产品。

2nd Anniversary with Amazing Products and Big Surprises!
AliExpress by Alibaba.com
CATEGORIES
Search
Cart
Free Shipping Mini E71 Mobile Phone TV Dual SIM Polish / Russian Hot Sell
Price: US $21.99 - 25.99 / piece
Bulk Price: 13% off (10 pieces or more)
Bundle: Standard With 4GB Memory Card
Quantity: 1 piece
Shipping Cost: Free Shipping to United States Via China Post Air Mail
Processing Time: Ships out within 4 days
Total Price: Depends on the product properties you select
Buy Now
Add to cart
+Add to Wish List (188 Adds)
AliExpress Buyer Protection
Verified Company
Shenzhen Minco Digital Technology Ltd.
View my Store
Contact Seller
Product ID: 461063664
Bookmark & Share
Product Details
Shipping & Packaging
Payment Terms
Feedback
Item specifics
Unlock Phones: Yes
Display Color: Color
Brand Name: Minco
Design: Bar
Camera: 1.3MP
Cellular: GSM
Display Size: 2.2"
Operation System: No Smartphone
Feature: FM Radio,MP3 Playback,Bluetooth,Memory Card Slots,Video Player,Front Camera,TV Receive,Message
SIM Card Quantity: Dual SIM Cards
Model Number: mini e71
Network: GSM 850/900/1800/1900 MHz
Item Condition: New
Product Description
Welcome
Drop Shipping China Post HK Post EMS DHL
Minco Mobile
Shenzhen Minco Digital Technology Ltd
Details
Model NO.: Mini E71
Features
Dual SIM Cards Dual Standby , Unlocked to GSM 850/900/1800/1900 MHz , TV , Bluetooth , MP3 , MP4 , camera , FM , 2.2 inch screen
Packages
1xnew mobile phone
2xLi-ion Batteries
1xEarphone
1xUSB Cable
1xCharger(for EU or UK or US or AU)
Color and Language
Color: Black /Blue/White/Red (Note: You must leave a message if you need any specific color, or we will ship randomly)
Language:English and multiple country languages (Note:If you need any specific language other than English, please contact with us before order)
Picture
Google mincomobile

图 8-8　产品发布

# 实验 6　速卖通商铺

## 一、实验要求和目的

1．发布 10 个在线销售产品后，可以自动生成商铺页面。

2．选择适合商铺的风格，以及上传自定义制作的横幅。

## 二、实验课时数

1 课时。

## 三、实验结果

如图 8-9 所示。

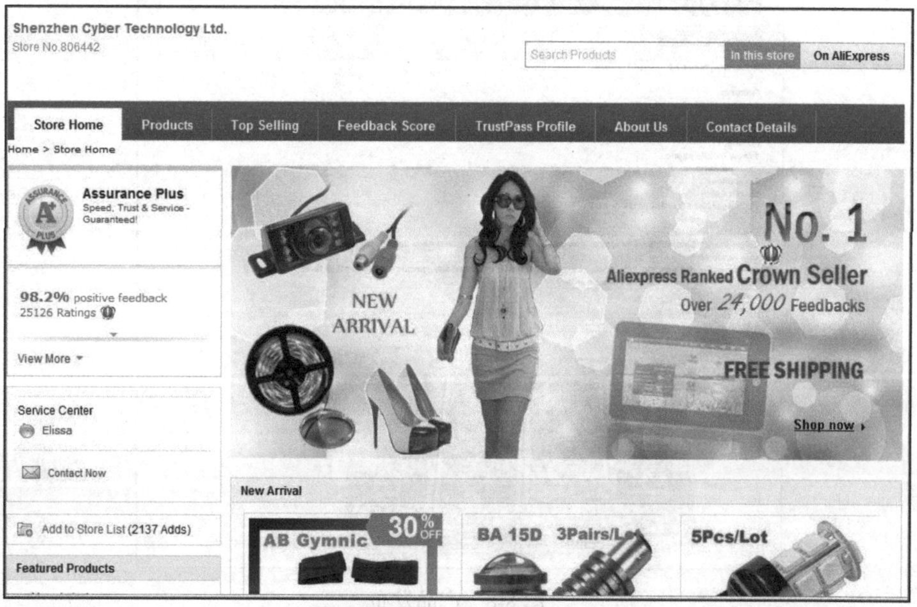


图 8-9　速卖通商铺

## 四、实验分析和主要步骤

1．首先根据之前的实验 5，发布至少 10 个产品，并通过审核成为正在销售的产品。

2．72 小时后，进入 My Aliexpress 后台管理系统的“商铺管理”。

3．进入“商铺风格”，可以在两个系统风格中选择一个适合自己的风格，单击“确认”按钮。

4．再进入“商铺横幅”，选择“自定义横幅”，如图 8-10 所示。

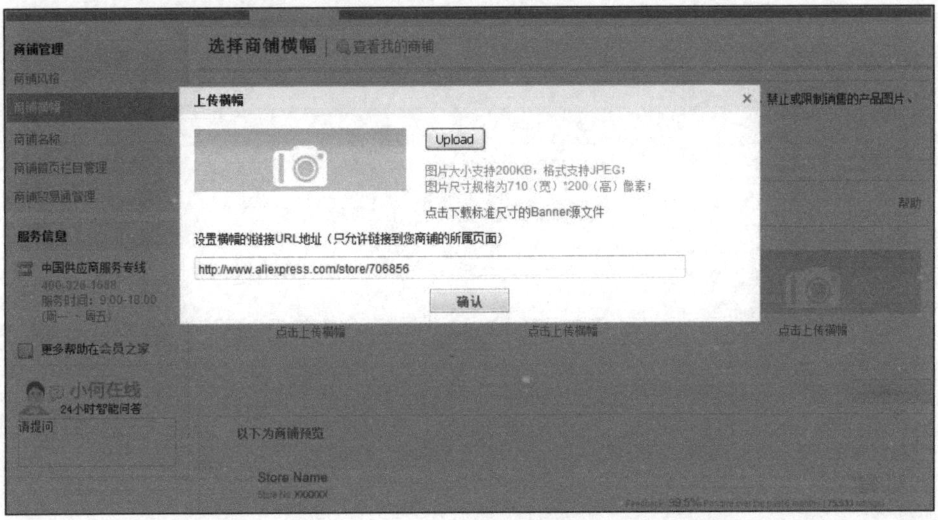


图 8-10　自定义横幅

5．预先设计好店铺横幅，也可以下载标准源文件进行修改。图片大小支持 200KB，格式支持 jpeg；图片尺寸规格为 710（宽）×200（高）像素。

6．单击“Upload”按钮后，也可以设置图片的 URL 地址链接。

7．最后单击“确认”按钮，页面同步以后即可看到最新上传的横幅图片。

# 实训第八周

**笔记：**

**总结：**

# 习题九

（教材《电商运营》第11章“阿里巴巴中文站”习题）

# 实验1　中文站供应产品的发布

## 一、实验要求和目的

1．在中文站中成功发布一件商品，掌握供应产品的发布技巧。

2．完善产品信息质量到4星级以上。

## 二、实验课时数

1课时。

## 三、实验结果

如图9-1所示。

图9-1　产品发布

## 四、实验分析和主要步骤

1．进入“我的阿里”，在“首页”下方的“供应产品”中单击“我要发布”进入产品发布页面。

2. 中文站产品发布，需要我们先明确产品的类目，选择要发布产品的产品类目，尝试以下两种方式：第一，关键词查找类目；第二，自定义类目。

3. 根据提示，详细填写产品信息，带红色“*”标志的为必填选项，其他选项可做选填，但为了让顾客能够更容易找到我们的产品，尽量将产品信息填写完整。填写完毕，单击“发布”按钮，产品发布成功。

4. 进入产品发布成功页面，单击“同意协议条款，我要发布”按钮进行产品发布。

5. 填写产品信息，其中某些产品的属性为产品发布时的固定属性，不可做修改，将所有信息填写完毕后，可以“预览”产品或者直接单击“发布”按钮成功发布产品，进入产品发布成功页面。

6. 单击“保存草稿”按钮，可以将产品保存，下次完善后可以再发布。

7. 完善信息质量到 4 星，可以参照阿里巴巴的建议：

A. 优质的信息标题；

B. 在详细说明中插入细节图片；

C. 支持网上订购；

D. 补充价格区间。

# 实验 2　装修阿里巴巴中文站旺铺

## 一、实验要求和目的

1. 成功装修一次旺铺，掌握旺铺外观的设置方法。

2. 掌握旺铺装修的注意事项。

## 二、实验课时数

1 课时。

## 三、实验结果

如图 9-2 所示。

图 9-2　旺铺装修

## 四、实验分析和主要步骤

1．进入“我的阿里”首页，单击“旺铺”。

2．进入“旺铺”页面，单击“旺铺装修”，进入旺铺装修页面。

3．进入旺铺装修页面后，首先可以看到“主题招牌”，选择你喜欢的店铺招牌然后上传。

4．单击“主题图片”进入主题图片创建页面。

5．在“主题图片”的创建页面中可以选择炫彩主题、产品公告主题、主题在线制作。

6．在添加板块中选择“产品分类”，将热门产品进行产品分类展示。

7．在添加板块中创建“自定义板块”，制作自定义宣传内容。

8．选择拉动板块，在页面左侧建立“产品分类”和“公司地图”。

# 实验 3　生意参谋数据统计分析

## 一、实验要求和目的

1．掌握生意参谋数据分析的基本操作。

2．根据数据分析的结果优化网站。

## 二、实验课时数

1 课时。

## 三、实验结果

如图 9-3 至图 9-5 所示。

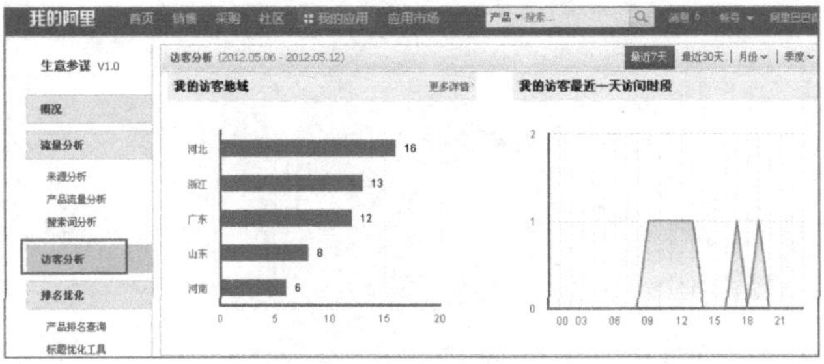


图 9-3　访客分析页面

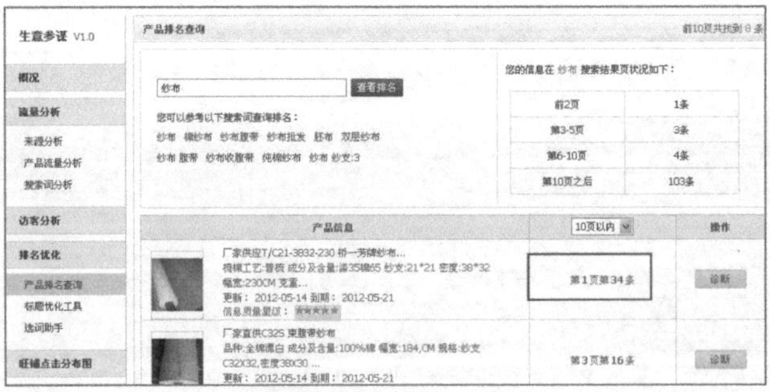


图 9-4　产品排名查询

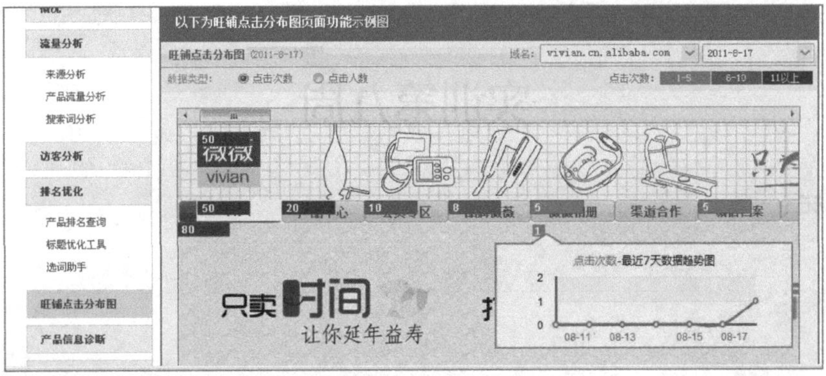


图 9-5　旺铺点击分布图

## 四、实验分析和主要步骤

1．进入“我的阿里”，单击“生意参谋”。

2．进入“生意参谋”页面，单击页面中的“访客分析”，进入访客分析查询页面。

3．分别单击页面左侧的每一个选项，查询并熟悉店铺的各项流量数据。

4．根据“旺铺点击分布图”的数据对旺铺进行优化。

# 实训第九周

笔记：

总结：

# 附 录 A

## ________岗位工作证明

<table>
<tr><td>姓名</td><td></td><td>性别</td><td></td><td rowspan="7">照片</td></tr>
<tr><td>身份证号码</td><td colspan="3"></td></tr>
<tr><td>毕业院校</td><td colspan="3"></td></tr>
<tr><td>所学专业</td><td></td><td>出生年月</td><td></td></tr>
<tr><td>毕业时间</td><td></td><td>最高学历</td><td></td></tr>
<tr><td>工作企业</td><td colspan="3"></td></tr>
<tr><td>所在部门</td><td colspan="3"></td></tr>
<tr><td>工作内容<br>与成就</td><td colspan="4"></td></tr>
<tr><td>企业评价</td><td colspan="4"></td></tr>
</table>

企业人力资源盖章：

## ________岗位工作证明

<table>
<tr><td>姓名</td><td></td><td>性别</td><td></td><td rowspan="7">照片</td></tr>
<tr><td>身份证号码</td><td colspan="3"></td></tr>
<tr><td>毕业院校</td><td colspan="3"></td></tr>
<tr><td>所学专业</td><td></td><td>出生年月</td><td></td></tr>
<tr><td>毕业时间</td><td></td><td>最高学历</td><td></td></tr>
<tr><td>工作企业</td><td colspan="3"></td></tr>
<tr><td>所在部门</td><td colspan="3"></td></tr>
<tr><td>工作内容<br>与成就</td><td colspan="4"></td></tr>
<tr><td>企业评价</td><td colspan="4"></td></tr>
</table>

企业人力资源盖章：

## ____岗位工作证明

<table>
<tr><td>姓名</td><td></td><td>性别</td><td></td><td rowspan="7">照片</td></tr>
<tr><td>身份证号码</td><td colspan="3"></td></tr>
<tr><td>毕业院校</td><td colspan="3"></td></tr>
<tr><td>所学专业</td><td></td><td>出生年月</td><td></td></tr>
<tr><td>毕业时间</td><td></td><td>最高学历</td><td></td></tr>
<tr><td>工作企业</td><td colspan="3"></td></tr>
<tr><td>所在部门</td><td colspan="3"></td></tr>
<tr><td>工作内容<br>与成就</td><td colspan="4"></td></tr>
<tr><td>企业评价</td><td colspan="4"></td></tr>
</table>

企业人力资源盖章：

## ____________岗位工作证明

| | | | | |
|---|---|---|---|---|
| 姓名 | | 性别 | | 照片 |
| 身份证号码 | | | | |
| 毕业院校 | | | | |
| 所学专业 | | 出生年月 | | |
| 毕业时间 | | 最高学历 | | |
| 工作企业 | | | | |
| 所在部门 | | | | |
| 工作内容与成就 | | | | |
| 企业评价 | | | | |

企业人力资源盖章：